Puppenmode
Ideen und Materialien für alte und neue Puppen

Gerda Schaumann-Langrehr
Puppenmode
Ideen und Materialien für alte und neue Puppen

CIP-Titelaufnahme der Deutschen Bibliothek

Schaumann-Langrehr, Gerda:
Puppenmode: Ideen und Materialien für alte und neue Puppen/
Gerda Schaumann-Langrehr. – Wiesbaden: Englisch, 1989, 3. Aufl. 1991

ISBN 3-8241-0370-2

© by F. Englisch GmbH & Co. Verlags-KG, Wiesbaden
Umschlag und Innengestaltung A. Ruers
Fotos Bernd Muermans
Manuskript und Bearbeitung Sabine Wesemann
Alle Rechte vorbehalten.
Nachdruck, auch auszugsweise, verboten.
Printed in Germany.

Die Ratschläge in diesem Buch sind von Autorin und Verlag sorgfältig
erwogen und geprüft, dennoch kann eine Garantie nicht übernommen werden.
Eine Haftung der Autorin bzw. des Verlages und seiner Beauftragten für
Personen-, Sach- und Vermögensschäden ist ausgeschlossen.

Inhaltsverzeichnis

Einleitung 7

Modell 1 9
Biesenkleid mit 9
Pompadourbeutel 13

Modell 2 15
Schürzenkleid mit Variation 15

Modell 3 19
Kleidchen 19

Modell 4 21
Hemd und Hose 21

Modell 5 22
Matrosenanzug 22

Modell 6 28
Sonntagskleid 28

Modell 7 28
Samtanzug 28
Hemd mit Spitzenkragen 31

Modell 8 35
Französischer Anzug 35

Modell 9 37
Englischer Jagdanzug 37

Modell 10 39
Strickanzug 39

Modell 11 42
Babykleidchen 42
Unterwäsche 45

Modell 12 48
Mantel mit Variation 48

Modell 13 51
Mantel 51

Modell 14 51
Seidenkleid 51
Hüte 57

Modell 15 58
Venezianisches Mädchenkostüm 58

Modell 16 63
Venezianischer Jungenanzug 63

Diese schöne Materialsammlung möchte Sie zur Herstellung phantasievoller Puppenkleider inspirieren.

Einleitung

Dieses Buch setzt keine praktischen Nähkenntnisse voraus. Die vorgestellten Puppenkleider sind auch für ungeübte Näherinnen leicht nachzuarbeiten. Wer richtig nähen kann, braucht sicher nicht immer ausführliche Erklärungen für die einzelnen Nähschritte, sondern möchte vielleicht nur die Kleiderentwürfe und meine Schnitte für seine Puppen haben. In dem Fall können die Bilder und Beschreibungen der Modelle als Inspiration dienen.
Für alle Puppenschneider wird es immer der erste Schritt sein, sich den Schnitt in Originalgröße herzustellen. Dazu gibt es ein denkbar einfaches Verfahren:
Die Schnittzeichnungen sind im Originalmaß DIN A3. Sie wurden auf DIN A4 verkleinert im Buch abgedruckt. In jedem besseren Copy-Shop können Sie sich die Zeichnungen wieder auf DIN-A3-Format vergrößern lassen, dann stimmen die Maße exakt.
Die meisten Teile sind einzeln aufgezeichnet, das heißt, sie können direkt von dieser Kopie benutzt werden. Wenn, wie etwa bei den Hosen, verschiedene Größen ineinander gezeichnet sind, muß man sich von der Vergrößerung eine Kopie auf Seidenpapier herstellen, das ist dann schon alles.
In Schritt-für-Schritt-Anleitungen wird die Herstellung der Puppenkleidung beschrieben, so daß die einzelnen Arbeitsgänge leicht nachvollziehbar sind. Einige generelle Hinweise möchte ich Ihnen geben, bevor Sie mit der Arbeit beginnen, weil sie für das Nähen grundsätzlich gelten und deshalb nicht bei jedem Modell extra erwähnt werden.

1. Alle Schnitte sind ohne Nahtzugabe gezeichnet; Sie müssen jeweils $1/2$–2 cm rund um alle Teile zugeben, wenn Sie den Stoff zuschneiden.
2. Beim Nähen empfiehlt es sich immer, die zugeschnittenen Teile ringsum abzuketteln, damit der Stoff nicht ausfransen kann. Manche Hobbyschneiderin hält dies nicht für nötig, und letztlich bleibt die Verarbeitungsweise auch immer Ihrer eigenen Gründlichkeit überlassen. Deshalb weise ich in den Anleitungen nur da auf das Ketteln hin, wo ich es für unerläßlich halte.
3. Einige Teile werden „im Stoffbruch" zugeschnitten. Dies bedeutet, das Schnittmuster ist halbiert aufgezeichnet – der Stoff soll doppelt so groß zugeschnitten werden. Dazu faltet man ihn und schneidet das Teil durch zwei Lagen Stoff zu.
4. Vor dem Zusammennähen werden die Teile mit Nadeln festgesteckt, das ist klar. Ich empfehle Ihnen, bei Puppengarderobe immer zusätzlich zu heften, das heißt, von Hand mit großen Stichen die Naht vorzunähen. Die Teile sind so klein, daß sie oftmals leicht verrutschen. Aber auch dies bleibt letztlich Ihrer Geschicklichkeit überlassen.
5. Genauso verhält es sich mit dem Bügeln. Zwischen den Arbeitsgängen gebügelte Stoffe lassen sich leichter verarbeiten. Ich weise darauf hin, wo es unbedingt sinnvoll ist.
6. Auch Puppenkinder müssen zur Anprobe gebeten werden. Weil Puppenkörper häufig bei gleicher Größe sehr unterschiedlich ausfallen, sollten Sie auf jeden Fall zu Beginn und auch zwischendurch Maß nehmen, damit Sie hinterher keine unliebsamen Überraschungen erleben.

Alle in diesem Buch vorgestellten Kleidungsstücke sind von mir entworfen. Es handelt sich folglich nicht um nachgearbeitete, alte Originalkleider, sondern um nachempfundene, die stilistisch für alte Puppen oder Reproduktionen passend gearbeitet sind. Sie sind aber meines Erachtens ebensogut für neue Puppen geeignet. Das Aussehen der Kleider ist stark abhängig von den ausgewählten Materialien. Ob Sie einen edlen Seidenstoff verarbeiten oder eine karierte Baumwolle macht dabei schon einen erheblichen Unterschied. Überlegen Sie sich, welchen Eindruck die Puppe in ihrem Kleid machen soll, und entscheiden Sie danach die Materialfrage. Für Reproduktionen ist es besonders schön, wenn Sie tatsächlich „alte" Zutaten verwenden können. Es gibt viele Möglichkeiten, an Stoffe und Spitzen zu kommen, deren Herstellung schon etliche Jahre zurückliegt. Bett- und Tischwäsche, Großmutters Kleider und Tücher sind zwar an sich inzwischen gesuchte Objekte, aber Puppenliebhaber schrecken meistens nicht davor zurück, sie für ihre Zwecke zu zerschneiden. Ich habe im Laufe der Zeit einen ganzen Fundus alter Materialien angelegt.
Wie auch immer Sie bei der Gestaltung Ihrer Modelle vorgehen – das Ergebnis wird in jedem Fall etwas sehr Spezielles sein, denn so ein individuelles Puppenkostüm wird es sicher kein zweites Mal geben!

Modell 1: Biesenkleid

Modell 1

Biesenkleid

Körpergröße 33 cm

- 60 x 90 cm Baumwollstoff
- 4,70 m Spitzenband
- 1,00 m Stickereiband
- 1,10 m x 5 cm für den Volant

Als erstes Modell zeige ich Ihnen ein weißes Baumwollkleidchen, das sehr romantisch und feingemacht wirkt. Das kommt vor allem durch die eingesetzten Spitzenbänder und die kleinen Biesen, die sich rund um das ganze Kleidchen ziehen und auch die Ärmel und die extra eingesetzten Flügel schmücken. Unten am Rock ist ein kleiner Volant mit einer Kante aus gestickten Blüten eingesetzt. Dieses Kleidchen ist aus einem ganz einfachen Stoff gearbeitet, aber es lebt durch die feine Näharbeit, die in bester Weißwäschetradition als eine große Fleißarbeit ausgeführt wird.
Nehmen Sie sich Zeit für dieses Modell, und lassen Sie sich nicht abschrecken; die einzelnen Schritte sind gar nicht so schwer, wie sie scheinen mögen. Das Ergebnis wird hinterher auf jeden Fall Ihre Mühe belohnen.
An diesem Puppenkleid werde ich Ihnen einige technische Einzelheiten erklären, die auch bei anderen Modellen auftauchen; deshalb ist es besonders gut für den Anfang geeignet. Wenn Sie diese „Hürde" genommen haben, fällt Ihnen auch manches andere Detail leichter.

Und so fangen Sie an:
Alle Teile werden nach dem Schnittmuster zugeschnitten. Achten Sie darauf, daß Sie das Seitenteil viermal brauchen, nämlich für zwei vordere Seitenteile und zwei rückwärtige.
Sie haben also für den Rücken vier Stoffbahnen und für das Vorderteil drei. Diese Bahnen werden jeweils mit einem Spitzenband miteinander verbunden.

Modell 1: Biesenkleid
Puppe: Simon & Halbig 719

Vor dem Zusammennähen werden nun alle Schnittteile mit den feinen Biesen versehen. Richten Sie sich dabei nach den im Schnitt markierten Linien. An der entsprechenden Stelle wird der Stoff schmal nach links umgelegt und glattgebügelt. Entlang dieser Kante steppen Sie dann möglichst exakt 1 mm vom Rand rechts auf dem Stoff eine Naht.
Bedenken Sie, daß auf diese Weise bereits 2 mm von der Stoffbahn verlorengehen. Wenn Sie also sehr viel breitere Biesen arbeiten, wird das ganze Kleidchen enger. Speziell bei diesem Modell empfehle ich Ihnen, häufiger zwischendurch Maß zu nehmen. Auch Puppenkinder müssen zur Anprobe gebeten werden!
Mit der ersten Biese haben Sie das Prinzip bereits erkannt. Nun beginnt die Fleißarbeit. Fältchen für Fältchen wird umgelegt, gebügelt, abgesteppt. So verfahren Sie mit jeder einzelnen Stoffbahn, mit den Ärmeln und den Flügeln.
Wenn Sie alle Schnittteile mit Biesen überzogen haben, sollten Sie diese möglichst vor dem Zusammennähen in eine Richtung flachbügeln; das sieht dann noch adretter aus.

Als nächstes stellen Sie das Vorderteil fertig:
Am besten legen Sie sich erst einmal alle Teile in der Ordnung zurecht. Äußere Stoffbahn links, eine Spitze, mittlere Stoffbahn, eine Spitze, äußere Stoffbahn rechts. Heften Sie die Stoffteile mit großen Stichen aneinander fest, und prüfen Sie jetzt, ob die Weite stimmt.
Sie haben nun noch Gelegenheit zu regulieren, indem Sie die Spitzen näher an die Biesen setzen. Wenn das Maß stimmt, steppen Sie die Teile mit der Maschine fest.
Beim Rückenteil arbeiten Sie genauso. Der Unterschied besteht lediglich darin, daß Sie hier vier Bahnen haben statt drei. Die hintere Mitte wird mit einer Naht geschlossen, und zwar bis zu einer Höhe von 14 cm von unten, damit oben eine Öffnung zum Anziehen bleibt. Im nächsten Schritt können die Teile an der Schulternaht zusammengenäht werden. Legen Sie Vorder- und Rückenteil rechts auf rechts und steppen durch. Danach bereiten Sie die Ärmel zum Einsetzen vor. Die Stoffteile sind ja bereits mit Biesen verziert. Nun werden sie vor dem Einsetzen gekräuselt. Das geht ganz einfach. Mit der größten Stichlänge Ihrer Nähmaschine steppen Sie einmal an der Markierungslinie entlang der Rundung über den Stoff. Wenn Sie bei diesem Stich den Unterfaden vorsichtig ziehen, kräuselt

Modell 1: Biesenkleid

sich der Stoff fast von alleine zusammen. Das Stoffteil wird nun enger und paßt sich der Armkugel des Kleidchens an. Man kann die Weite regulieren, indem man den Stoff vorsichtig auf dem Faden zusammenschiebt oder – je nachdem – wieder glättet. Der obere gekräuselte Rand des Stoffes muß genau die Länge haben, die der Armausschnitt an Vorder- und Rückenteil zusammen vorgibt. Zum Einnähen legen Sie den gekräuselten Ärmel rechts auf rechts auf den Stoff, stecken oder heften ihn fest und nähen ihn dann an.

In diesem offenen Stadium, wenn das Kleid noch gut flachliegt, werden die Flügel aufgenäht. Auch diese Schnitteile haben Sie mit Biesen versehen. Ich habe zusätzlich noch eine feine Baumwollspitze um die Rundung genäht. Die offene, gerade Kante wird schmal gesäumt. Legen Sie die so vorbereiteten Flügel in der angegebenen Position auf das Kleid und steppen sie fest.
Weil das Ärmelloch bei Puppenkleidung ja sehr klein ist, werden die Teile grundsätzlich in dieser Reihenfolge zusammengenäht. Anders als bei Menschengarderobe werden erst jetzt die Seitennähte und die Ärmelnähte in einem Zug geschlossen. Dazu falten Sie das Kleidchen an der Schulternaht rechts auf rechts und steppen Ärmel- und Seitennaht im Bogen zu.
Der Ärmelabschluß unten wird von Hand versäubert. Dafür nähen Sie entweder einen kleinen Saum, durch den Sie zusätzlich noch einen Hutgummi ziehen können; oder Sie kräuseln auch hier wieder vorsichtig ein. Ich habe als Abschluß abermals eine kleine Spitzenlitze angesetzt.

Für den Halsausschnitt brauchen Sie einen Stoffstreifen von 21 x 5 cm. Den nähen Sie rechts auf rechts an. Danach klappen Sie ihn hoch und falten ihn auf 2 cm nach innen um. Die überstehenden Seiten schlagen Sie nach innen ein, ebenso die innere Abschlußkante. Dann wird das Stehbündchen innen von Hand festgenäht. Ich habe bei diesem Modell das Stehbündchen reichhaltig verziert. Wenn Sie Lust haben, das nachzuarbeiten – hier die Anleitung:
Quer über das Bündchen läuft eine glatte Spitzenlitze.
Am unteren Bündchenrand, da wo es am Halsausschnitt festgenäht ist, sitzt eine leicht gekräuselte Spitze, und auf dieser Ansatzstelle verziert eine gestickte Blümchenlitze die Naht.

Nun haben Sie es fast geschafft! Es bleibt noch der Rocksaum. Dafür habe ich als Abschluß einen Volant genäht, wiederum mit einer Spitzenkante. Der Volant erfordert einen Stoffstreifen von 1,10 m (!) x 5 cm. Wenn Sie ausreichend Stoff zur Verfügung haben, schneiden Sie sich diesen Streifen schräg zu: Der Volant fällt dann etwas weicher. Eine lange Seite des Streifens wird abgekettelt. Setzen Sie knapp an die Kante über die gesamte Länge eine Spitze. Die andere Seite wird eingekräuselt auf die untere Weite des Rockes. Diese gekräuselte Kante wird rechts auf rechts an die untere Rockkante genäht, dann sitzt der Volant. Fehlen noch zwei Druckknöpfe für den Rückenverschluß. Jetzt könnte das Kleidchen fertig sein. Wie Sie auf der Abbildung sehen, hat mich meine Nähleidenschaft allerdings noch nicht losgelassen. Ich habe noch eine Biese an den unteren Rockabschluß genäht. Wenn Sie das auch machen möchten, legen Sie den Rock etwa 3 cm über dem Volant nach innen um und bügeln den Knick ringsum fest ein. Ich empfehle Ihnen, hier die Querbiese zu heften, damit sie nicht verrutscht; das könnte das ganze Kleidchen verderben. Anschließend steppen Sie knapp 1 cm vom Knick eine Naht. (Dadurch wird das Kleid 2 cm kürzer. Also probieren Sie lieber vorher an.)
Bügeln Sie diese Biese nach unten um. Nun werden Sie sehen, daß genau zwischen Biese und Volant noch ein bißchen Platz frei bleibt – genau richtig für meine zarte, gestickte Blümchenlitze!

Wenn Sie sich die ganze Mühe gemacht haben, hat Ihre Puppe nun wirklich ein süßes Kleidchen!

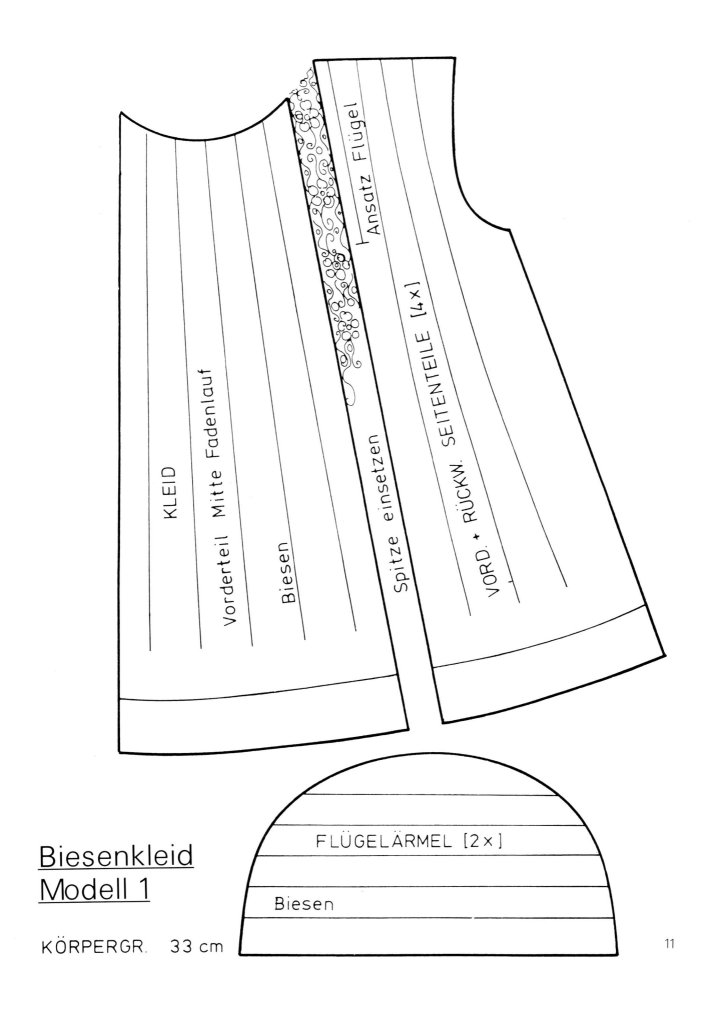

Biesenkleid Modell 1

KÖRPERGRÖSSE 33 cm

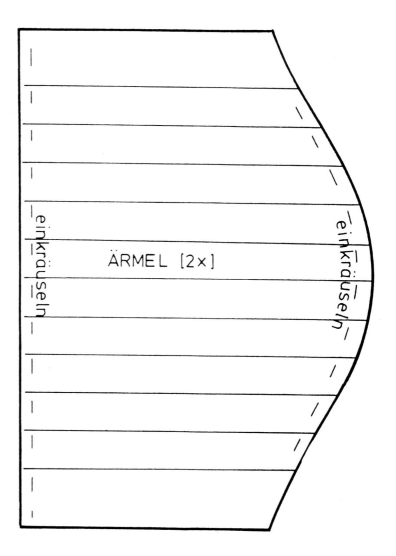

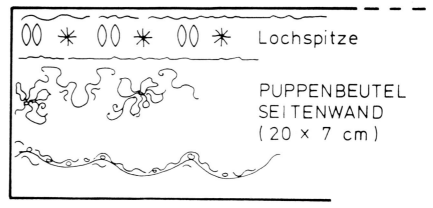

Lochspitze

PUPPENBEUTEL SEITENWAND (20 x 7 cm)

Pompadourbeutel

Oft wird Puppenkleidung erst durch die kleinen Zugaben perfekt. Wie die Näharbeiten eines Kleides schon äußerst aufwendig sein können, wird das gesamte Äußere abgerundet durch die passenden und typischen Accessoires. Puppen stellen ja auch immer ein Abbild der sozialen und gesellschaftlichen Verhältnisse ihrer Zeit dar. So wie die nur zu gut bekannte Barbie-Puppe der 60er Jahre mit allen Raffinessen den amerikanischen Wohlstandslebensstil verkörpert, zeigen natürlich auch die antiken Puppen, wie sich die feine Dame ihrer Zeit kleidete und ausstaffierte. So gehören eigentlich zu jedem stilistisch nachempfundenen Puppenkleid auch der entsprechende Kopfschmuck, Ausgehmantel und die Tasche. Hutvariationen stelle ich Ihnen auf Seite 57 gesondert vor. Auf den Bildern sehen Sie oft die entsprechenden Modelle in Kombination. Da ich diese aber nicht für zwingend notwendig halte, überlasse ich Ihnen die Wahl und zeige allgemein Möglichkeiten der Hutgestaltung.

An dieser Stelle möchte ich Ihnen gerne eine kleine Tasche vorführen, mit der Sie sicherlich etliche Puppenkostüme reizend ergänzen können. Für das weiße Spitzenkleid habe ich eine entsprechend dekorierte, ebenfalls weiße Baumwolltasche im Pompadour-Stil entworfen. Dazu braucht man nur einen Stoffstreifen von 20 x 7 cm und einen Kreis von 5,5 cm Durchmesser.

Der kleine Beutel ist reichhaltig mit Spitzen dekoriert. Diese Verzierung anzubringen, wird der erste Arbeitsschritt sein. Danach wird der verzierte Stoffstreifen an der Oberkante nach innen umgelegt und versäumt. Legen Sie den Stoff so weit um, daß er einen Tunnel für ein Durchzugbändchen bildet. Anschließend nähen Sie die andere Seite des Streifens um den runden Boden des Beutelchens fest. Falls Ihnen diese kleine Kreisnaht mit der Nähmaschine Schwierigkeiten bereitet, können Sie den Boden ruhig von Hand annähen, denn er hat ja keine echten Belastungen auszuhalten. Als Durchzug habe ich für meine Puppentasche eine zierliche Goldkordel genommen und an die Nahtstelle zwei rosa Stoffblümchen gesetzt. Ist das nicht ein feiner Sonntagsstaat?

Modell 2: Schürzenkleid mit Variation

Modell 2

Schürzenkleid mit Variation

Körpergröße 33 cm

- *Kleid: 45 x 90 cm Stoff*
- *Schürze: 20 x 90 cm Stoff*
- *Diverse Spitzen als Applikation*

Das Kleid ist aus einem rosafarbenen Baumwollstoff gearbeitet, mit üppigem Spitzenbesatz am Oberteil und an den Ärmeln. In Brusthöhe hat es eine angesetzte Schürze aus weißem Baumwollvoile über dem in zwei Stufen genähten Rock mit Spitzenkante.
Schneiden Sie alle Teile des Kleides aus dem Stoff Ihrer Wahl zu. Nach dem Abketteln der Schnittteile beginnen Sie mit der Verzierung. Nun empfehle ich Ihnen, in Ihrem Spitzenfundus zu kramen. Suchen Sie passende Spitzen für das Brustteil, den Rücken und die Ärmel aus. Sie können gut verschieden große Spitzen dafür verwenden und phantasievoll kombinieren. Heften Sie zuerst die Spitzen am Stoff fest und nähen diese dann vorsichtig mit der Hand an. Spitzenbänder lassen sich auch mit der Maschine aufsteppen.
Wenn Sie nun auf diese Weise Ihren Stoff verziert haben, schließen Sie als nächstes die Schulternähte. Die Ärmel werden auf die Größe des Armausschnittes eingekräuselt und rechts auf rechts in die Armrundung eingenäht. In einem Zug werden dann die Ärmel- und die Seitennähte geschlossen. Die Ärmelkanten müssen fein umgesäumt werden.

An das Oberteil setzen Sie nun die erste Rockstufe. Der Stoffstreifen dafür muß zuvor an der oberen Kante auf 28 cm eingekräuselt werden. Diese Kräuselnaht wird rechts auf rechts auf die untere Kante des Oberteils gesteppt.

Modell 2: Schürzenkleid
Puppe links: Kämmer & Reinhardt 117 A
Puppe rechts: Kestner Hilda
Modell 3: Kleidchen
Kleine französische Jumeau-Puppe

Mit der zweiten Rockstufe verfahren Sie genauso. Diese muß auf 46 cm eingekräuselt werden, damit der Rock nach unten weiter wird. Wenn Sie wollen, können Sie auf die Nahtstellen kleine Zierbänder als Besatz nähen, dann haben Sie gleichzeitig Schmuck und saubere Nähte.
Der untere Rocksaum wird knappkantig umgenäht. Darauf habe ich eine 6 cm breite alte Spitze als Abschluß gesetzt. Erst jetzt wird das Kleid hinten geschlossen. Lassen Sie dabei von oben etwa 13 cm zum Anziehen offen.

Für den Halsausschnitt benötigen Sie ca. 20 cm Borte, die nun aufgesetzt werden kann. Die offenen Ränder im Rücken werden fein umgeschlagen und versäubert. Als Verschluß nähen Sie drei kleine Druckknöpfe an.
Eigentlich ist das Kleidchen schon sehr niedlich. Sie könnten durchaus Ihre Arbeit als beendet betrachten. Doch ich fand, daß das relativ üppige Oberteil noch eine Abrundung erhalten sollte. Deshalb habe ich aus feinem weißen Voile eine Schürze angenäht.
Dazu benötigen Sie einen rechteckigen Streifen von 18 x 70 cm. Daran werden zunächst die beiden kurzen und eine lange Seite schmal gesäumt. Auf die lange Seite, die den unteren Abschluß bildet, habe ich ein schmales Satinbändchen gesetzt. Nun wird die noch offene lange Seite auf 28 cm eingekräuselt. Sie wird in Brusthöhe, wie im Schnittmuster angegeben, direkt auf die rechte Seite des fertigen Kleidchens gesteppt. Zur Versäuberung kommt auf diese Naht wieder eine kleine weiße Spitzenborte und zum Schmuck eine Schleife mit langen Bändern.

Das Kleid, das Hilda trägt, wird nach demselben Schnitt genäht. Anstelle der Spitzen habe ich bei diesem Modell auf den Unterstoff insgesamt einen durchscheinenden Baumwollvoile genäht, der mit hübschen Rosen bestickt ist. Das bedeutet, sämtliche Schnittteile werden aus zweierlei Stoffen doppelt zugeschnitten und als allererstes aufeinander festgenäht. Im weiteren werden diese Teile dann wie ein Stoff behandelt und genauso weiterverarbeitet, wie beim ersten Modell beschrieben.

An drei Stellen unterscheiden sich die Kleider voneinander:
1. Über Brust und Rücken läuft eine gekräuselte Spitze entlang der im Schnitt eingezeichneten

Modell 2: Schürzenkleid mit Variation

Linie. Dazu brauchen Sie je Seite 35 cm Spitze, die Sie auf 22 cm einhalten. Steppen Sie sie auf, gleich nachdem die Schulternaht geschlossen wurde.

2. Hildas Ärmel sind etwas länger (im Schnitt eingezeichnet!) Sie sind eingekräuselt und haben ein Abschlußbündchen. Dafür brauchen Sie einen etwa 11 x 3 cm großen Stoffstreifen. Das fertige Bündchen soll 8,5 x 1,5 cm groß sein. Das Bündchen wird rechts auf rechts an den Ärmel genäht, *bevor* die Ärmel- und Seitennähte geschlossen werden. Umklappen und innen sauber festnähen, dann Ärmel wie beschrieben schließen.

3. Hilda trägt ihre Schürze lose über dem Kleid. Das heißt, sie muß einzeln genäht werden. Sie brauchen dazu einen Streifen von 18 x 70 cm. In diesem Fall habe ich dazu nur den durchsichtigen Oberstoff des Kleides verwandt. Das Ganze hat so einen sehr duftigen, zarten Charakter.

Genau wie bei der ersten Variante werden die kurzen Seiten und eine lange gesäumt. Die zweite lange Seite wird hier etwa 3,5 cm breit nach links umgeschlagen und 3 cm von oben auf 26 cm eingekräuselt, so daß ein hübsches Köpfchen entsteht. Über die Kräuselnaht wird das Band, mit dem die Schürze gebunden werden soll, genäht. Dieses muß rechts und links je ca. 30 cm überstehen, das heißt, Sie brauchen ein etwa 90 cm langes Band, damit Sie eine großzügige Schleife binden können. Ich habe mir dieses Band aus dem Kleiderstoff selber hergestellt – doppelt breit zugeschnitten, rechts auf rechts zusammengenäht und dann gewendet. Wenn Ihnen das zu umständlich ist, können Sie selbstverständlich auch ein fertiges Band dafür nehmen.

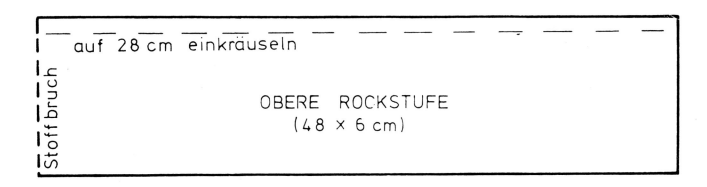

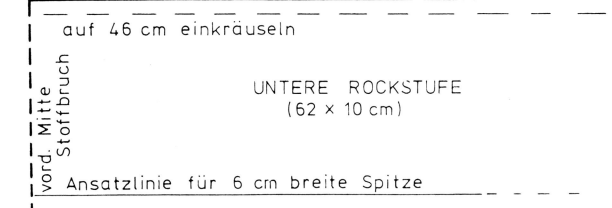

Schürzenkleid Modell 2

KÖRPERGRÖSSE 33 cm

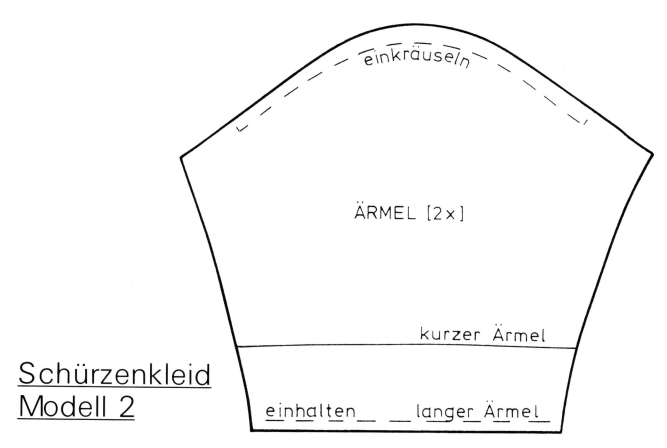
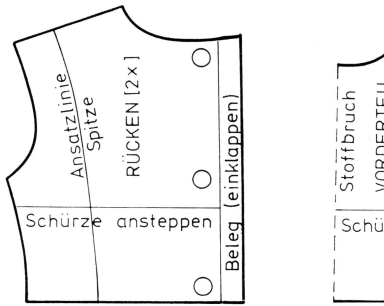
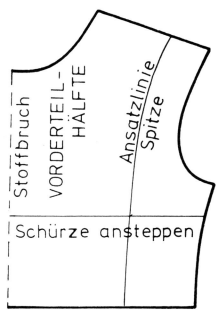

Modell 3: Kleidchen

Modell 3

Kleidchen

Körpergröße 19 cm

– Kleid: 30 x 90 cm Stoff
– 1,00 m Spitze

Auf der Abbildung Seite 14 sehen Sie neben den beiden großen Puppen noch eine kleine. Diese französische Puppe der Firma Jumeau trägt das gleiche Modell wie die Puppe Elise von Kämmer & Reinhardt, die auf dem linken Bild auf der Hutschachtel balanciert.

Ich stelle Ihnen den Schnitt für die Körpergröße 19 cm vor und biete wieder zwei Dekorationsvarianten an. Meine französische Puppe trägt ein altrosafarbenes Seidenkleidchen, das am Saum und am Hals mit Spitzenborten verziert ist. Über Vorder- und Rückenteil laufen zwei nur an einer Seite festgesteppte Spitzenbänder, die an den Schultern abstehen und dem Oberteil eine gewisse Adrettheit verleihen.
Die hellhaarige Elise hat ein Kleidchen aus vanillegelbem Baumwollstoff mit zarten weißen Streifen an. Der Unterschied zum rosafarbenen Kleid besteht darin, daß es ein Stehbündchen am Hals hat und drei Biesen rund um den Rock. Wenn Sie dieses Modell nähen wollen, müssen Sie lediglich den Rock etwas länger zuschneiden, ca. 3 cm, weil er durch die Falten natürlich an Länge verliert. Die Fertigstellung des kleinen Kleidchens ist ähnlich wie bei den zuvor beschriebenen großen Modellen. Für beide Kleider gelten folgende Nähschritte:

Alle Teile nach dem Schnitt zuschneiden (Nahtzugabe beachten). Schulternähte schließen. 20 cm Spitze je Seite auf 12 cm einkräuseln und auf Vorder- und Rückenteil aufnähen. Ärmel einkräuseln und in den Armausschnitt einsetzen. Ärmelgummizug annähen. Am Halsausschnitt eine kleine Spitzenkante ansetzen.
Für einen Stehkragen brauchen Sie 12,5 x 2,5 cm Stoff. Den steppen Sie rechts auf rechts auf den Halsausschnitt. Stoff nach oben klappen und auf 1 cm fertige Breite nach innen einschlagen und links festnähen. Ärmelnähte und Seitennähte des Oberteils in eins schließen.
Rockteil an der Unterkante säumen. Spitzen annähen oder im unteren Drittel Biesen herstellen. Das geht so: Der Stoff wird an der entsprechenden Stelle links auf links gefaltet. Wenn Sie diesen Knick nun fest einbügeln, wird Ihnen der Stoff nicht mehr so leicht verrutschen. Nun steppen Sie 5 mm vom Knick entfernt die Biese fest. Diesen einfachen Vorgang wiederholen Sie zweimal im gleichen Abstand. Zum Schluß bügeln Sie die Biesen nach unten um.
Im Prinzip können Sie diese Verschönerungsmethode natürlich fast auf jedem Kleidungsstück an beliebiger Stelle anwenden. Am Ärmel, an Unterhosenbeinen, an Jungenhosen, und, und, und. Ihrer Phantasie sind wieder einmal keine Grenzen gesetzt. Die kleinen Fältchen werden jeweils in die entsprechende Richtung festgebügelt und geben oft einen zusätzlichen feinen Akzent.
Der Rock wird an der Oberkante auf 20 cm eingekräuselt und rechts auf rechts an das Oberteil genäht. Rückwärtige Rocknaht bis zur Markierung schließen, Rückenschlitz im Kleid versäubern und zwei Druckknöpfe annähen. Bei mir hat das gelbe Kleid eine farblich passend abgestufte Schleife aus Satinband. Dazu brauchen Sie etwa 60 cm Länge.

Modell 3: Kleidchen
Kämmer & Reinhardt Elise

Modell 4: Hemd und Hose
Gebr. Heubach Henri

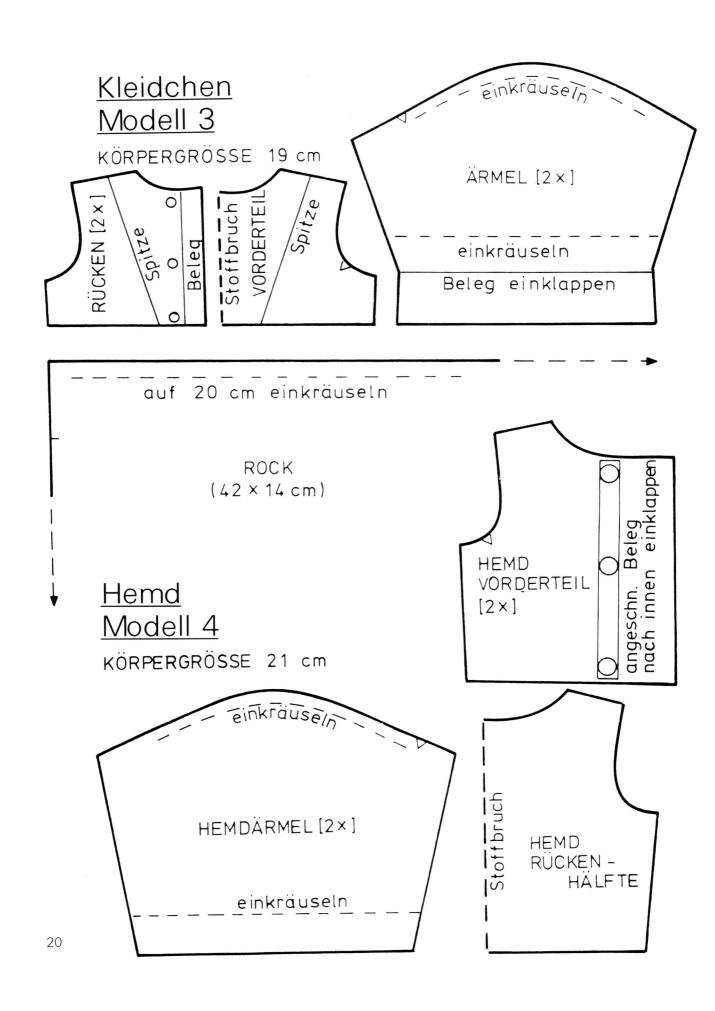

Modell 4

Hemd und Hose

Körpergröße 21 cm

– Hose: 20 x 90 cm Stoff
– Hemd: 15 x 90 cm Stoff

Der kleine Junge, der auf dem Bild gerade aus der Schachtel klettert, trägt eine dunkelblaue Hose aus feinem Wollstoff und ein weißes Baumwollhemdchen. Obwohl dies eine recht schlichte Garderobe ist, sieht er doch fein angezogen aus und keineswegs einfach gekleidet. Das liegt einerseits an der Auswahl der Materialien und andererseits an der Art der Verzierung. Ich stelle Ihnen hier das Hemdchen mit einem großen Spitzenkragen vor, den Sie beim Anziehen noch mit einer zusätzlichen Schleife oder Fliege komplettieren können.
Die Wollhose wird genauso genäht wie die Matrosenhose auf dem folgenden Bild. Sie ist lediglich kleiner. Schnitt und Beschreibung dafür finden Sie bei den Matrosenanzügen.

Das Hemd:
Wählen Sie für das Hemdchen einen möglichst feinen, glatten Baumwollstoff. Ich mag am liebsten für solche kleinen Modelle Batist oder Oberhemdenstoff. Sie schneiden alle Teile nach dem Schnitt zu. Als erstes werden auch hier die Schulternähte geschlossen. Die Ärmel werden eingekräuselt und in die Armlöcher eingenäht. Auf die Ärmelkante wird eine kleine Spitzenborte genäht, anschließend auf der linken Seite ein Gummi gegengesteppt zum Einkräuseln.
In einem Zug Ärmel- und Seitennähte schließen. Nun wird eine Spitze für den Kragen vorbereitet. Dazu eignen sich gut Kanten von alten Tischdecken, die vielleicht nicht mehr ganz in Ordnung sind. Sie brauchen ungefähr 25 cm davon für dieses Modell. Kräuseln Sie die Spitze ein auf die Halsweite des Hemdes. Wie Sie auf dem Bild sehen können, hat der kleine Spitzenkragen einen besonders schönen Stand. Er liegt nicht flach auf der Schulter. Um diesen Effekt zu erreichen, gibt es eine einfache Methode. (Sie sollten dafür aber immer eine Spitze verwenden, die rechts und links gleich ist, weil man auch ihre Unterseite sehen kann.) Zuerst werden die Enden des Kragens versäubert. Dann legen Sie die Spitze rund um den Halsausschnitt und nähen sie ringsherum fest. Nun klappen Sie den Spitzenkragen hoch und legen dabei den Hemdenstoff etwa $1/2$ cm weit nach innen um. Auf diesem umgeknickten Stoff steppen Sie knappkantig entlang. Mit dieser Stütznaht wird der Kragen später wie beabsichtigt keck abstehen.

Im nächsten Arbeitsschritt werden die angeschnittenen Belege beidseitig nach innen umgebügelt und festgenäht. Bringen Sie nun einen Verschluß Ihrer Wahl an der kleinen Knopfleiste an. Ich habe mich für zwei Druckknöpfe und aufgesetzte Perlmuttknöpfchen entschieden.
Zum Schluß muß das Hemdchen nur noch unten gesäumt werden.

Modell 5

Matrosenanzug

Körpergröße 27–29 cm

- *50 x 90 cm Grundstoff gesamt*
- *20 x 90 cm Besatzstoff*
- *30 x 90 cm Hemdenstoff*

Der Matrosenanzug ist ein sehr typisches und auch besonders hübsches Kleidungsstück für Puppenjungen. Historisch gehört er zu Puppen aus der Zeit um die Jahrhundertwende, als auch bei den Kindern solche Anzüge zum Sonntagsstaat gehörten. So ein Anzug ist aber durchaus auch für modernere, heutige Puppen geeignet. Wenn Sie also kein altes Original oder eine Reproduktion dafür haben, finden Sie an diesem Modell vielleicht auch aus heutiger Sicht Gefallen.

Ich führe Ihnen hier zwei Varianten eines Schnittmodelles vor, sozusagen gekontert verarbeitet. Ein Anzug in Weiß, aus derbem Bauernleinen, mit hellblau-weiß-gestreiftem Kragen; der andere aus dem hellblauen Streifen gearbeitet – ein Hemdenstoff – mit uni weißem Kragen und ebenfalls zweifarbigem Hut. Wenn es nun beim ersten Versuch besonders gut gelingt – vielleicht kleiden Sie ja gleich ein Pärchen ein?

Und so wird's gemacht:

Jacke

Für die Jacke schneiden Sie aus dem Grundstoff 2x das Vorderteil, den Rücken 1x im Stoffbruch und 2x den Ärmel zu. Der Kragen wird im Stoffbruch je 1x aus dem Grundstoff und aus einem farblich abgesetzten anderen Stoff zugeschnitten. Im ersten Nähschritt werden die Jackenteile an der Schulternaht zusammengenäht. Nun wird der Ärmel etwas eingekräuselt, so daß er in die Ärmelrundung der Jacke paßt. Anders als bei Kleidung, die wir für uns selbst nähen, werden nämlich bei Puppengarderobe immer die Ärmel schon so früh in die Rundung eingesetzt, damit es sich im weiteren bei den kleinen Maßen einfacher nähen läßt. Anschließend wird in einem Arbeitsgang die Ärmelnaht mit der Jackenseitennaht geschlossen. Damit die Jacke saubere Kanten bekommt und auch unter den Knopflöchern gut aussieht und stabiler wird, nähe ich einen kleinen Besatz an. Schneiden Sie diese Stoffstückchen nun zu und nähen sie an der Schulter zusammen. (Sie können auch einen anderen Stoffrest dafür verwenden; besonders schön wäre der farblich abgesetzte Stoff dafür, den Sie für den Kragen ausgewählt haben.)

An dieser Stelle muß der Kragen fertiggenäht werden, denn er wird anschließend mit dem Besatz in einem Arbeitsgang an die Jacke genäht und ist damit von innen gleich versäubert.

Beim Kragen wird zuerst auf die rechte Seite des Oberstoffes ein Zierbändchen gesteppt. Bügeln Sie dieses vorher rund, dann paßt es sich besser der Form an.

Nun legen Sie den Unterstoff rechts auf rechts und steppen die äußere Rundung zu. Umdrehen und glattbügeln – fertig ist der kleine Kragen. Die innere Rundung kann offen bleiben, oder Sie steppen sie von rechts zu, dann kann nichts verrutschen. Der Kragen wird anschließend auf den Halsausschnitt der Jacke gelegt, und zwar so, wie er am fertigen Teil sitzen soll. Darauf kommt nun rechts auf rechts der Besatz. In einem Schritt nähen Sie rund um die Jacke den Besatzstoff fest. Wenn Sie dieses Teil dann nach innen einschlagen, haben Sie schöne saubere Kanten, und der Kragen sitzt exakt. Bleiben nur der untere Rand und die Ärmellöcher. Ich säume entweder fein von Hand oder nähe ein kleines Bündchen ebenfalls von Hand an.

Für den Verschluß der Jacke habe ich zwei kleine weiße Perlmuttknöpfchen ausgesucht und normale Knopflöcher mit der Maschine genäht. Sollten Sie diese winzigen Knopflöcher nicht gerne nähen wollen, können Sie auch Druckknöpfe verwenden und außen Knöpfe ohne Funktion als Zierde annähen. (Diese Methode ist sogar für authentische Puppenkleidung zulässig, denn Druckknopfverschlüsse fand man schon bei etlichen Originalkleidern aus dem letzten Jahrhundert mit zusätzlich aufgesetzten Zierknöpfen.)

Variante

Häufig sind Puppenkörper gleicher Größe sehr unterschiedlich geformt. Sicher haben Sie selber schon bemerkt, daß manche Puppen etwas rundlicher aussehen und manche etwas schlanker. Wenn Sie nun die Jäckchen genau auf den Körper abstimmen wollen, können Sie den Schnitt mit

Modell 5: Matrosenanzug

Modell 5: Matrosenanzug
Puppe links: Kestner gemarkt „XI"
Puppe rechts: Jumeau SFBJ 236

einem einfachen Trick „auf Figur bringen". Ich habe bei dem weißen Anzug einen schlanken Puppenkörper, während der blaugestreifte etwas pummeliger ist. So nähe ich einfach rechts und links, vorne und hinten, je einen Abnäher in die Jacke, bevor ich sie säume.

Hose

Schneiden Sie 2x das Hosenbein zu und einen etwa 3,5 cm breiten Streifen von ca. 28 cm Länge für das Bündchen.
Wenn Sie ein Schmuckband aufnähen wollen, muß dies der erste Arbeitsschritt sein, bevor die Beine zusammengenäht werden. Erst danach legen Sie jedes Bein für sich rechts auf rechts und schließen die innere Beinnaht. (Die Hosen haben keine Außennähte!) Und jetzt Achtung: *Ein* Bein wird rechts auf rechts gedreht und in das andere ungewendete Hosenbein geschoben, so daß die Innennähte der Hosenbeine rechts auf rechts übereinanderliegen. Sie sehen nun die Bauch- und Rückennaht als offene Rundung vor sich. Schließen Sie diese bis zur Markierung auf dem Schnitt. (Hosen mit Gummizug in der Taille können ganz geschlossen werden.) Wenn Sie den Stoff nun wenden, haben Sie fast schon die fertige Hose vor sich. Bevor das Bündchen in diesem Modell angesetzt wird, legen Sie im vorderen Hosenteil einige Bundfalten und stecken sie fest. Darüber nun rechts auf rechts den Stoffstreifen für das Bündchen feststeppen, hochklappen und nach innen umschlagen. Das fertige Bündchen soll etwa 1,5 cm breit sein. Innen wird der Saum eingeschlagen und mit kleinen Stichen von Hand festgenäht. Die Bündchenenden klappen Sie nach innen und schließen sie ebenfalls von Hand. Zum Schluß bekommt die Hose einen kleinen Druckknopf oder Haken und Öse.
Bevor nun die Hosenbeine umgesäumt werden,

Modell 5: Matrosenanzug

muß das neue Modell unbedingt anprobiert werden, damit Sie die richtige Länge feststellen können. Falls Ihr Matrosenjunge besonders schöne Strümpfchen hat, möchten Sie eventuell nur eine ³/₄ lange Hose haben. Markieren Sie die Länge an der gewünschten Stelle und nähen Sie den Saum anschließend von Hand um.

Hemd

Unter der Jacke tragen die Jungen ein schlichtes weißes Hemd aus einem dünnen Baumwollstoff. Auch wenn man es nicht sieht, gehört es doch zu einer perfekten Kleidung. Solche Hemden gehören eigentlich unter jeden Anzug. Ich stelle Ihnen hier eine einfache Form vor.
Legen Sie den Stoff doppelt und schneiden das Hauptteil daraus 1x zu. Ebenso wird der Beleg im Stoffbruch zugeschnitten. Schneiden Sie noch nicht das Halsloch daran aus.
Die vordere Mitte des Hauptteils wird nun aufgeschnitten und das Halsloch aus dem Stoff herausgeschnitten. Der Beleg wird im ganzen rechts auf rechts auf das Hemd gelegt und festgesteckt. Steppen Sie nun entlang der aufgeschnittenen vorderen Mitte rund um den Halsausschnitt und an der anderen Mittelnaht zurück. Erst jetzt wird am Beleg die Mittelnaht aufgeschnitten und das Halsloch knappkantig an der Steppnaht entlang freigeschnitten. Wenn Sie so vorgehen, verhindern Sie unnötiges Verrutschen der Teile und sichern sich eine exakte Rundung am Halsausschnitt des Hemdchens.
Wenn Sie möchten, können Sie nun um Hals und Vorderkante des Hemdes eine kleine Litze anbringen. Als nächstes wird der Ärmelabschluß an beiden Seiten eingekräuselt. Das können Sie ganz einfach mit der Nähmaschine machen, indem Sie mit größter Stichlänge an der Kante entlangnähen. Wenn Sie dann den Unterfaden strammziehen, kräuselt sich der Stoff fast automatisch. Kräuseln Sie hier auf 9 cm ein.
Um die Kanten zu versäubern, können Sie entweder eine kleine Litze aufsetzen oder Sie fassen mit einem Schrägstreifen ein. Erst danach werden die Seitennähte des Hemdchens geschlossen. Dabei näht man in einem Gang die Ärmel mit zu. Legen Sie das Teil rechts auf rechts und steppen entlang der Rundung über Seiten und Ärmel. Jetzt hat das Hemdchen seine endgültige Form. Wenden Sie das Teil. Für den unteren Rand, der bei diesem Modell eine hübsche Rundung wie ein Herrenoberhemd hat, schlage ich Ihnen eine andersfarbig abgekettelte Naht vor. Stellen Sie dazu den Kettelstich auf Ihrer Maschine ganz eng ein, dann sieht es besonders niedlich aus.
Als Verschluß ein Druckknopf und aufgesetzte Zierknöpfchen vollenden das Werk.
Beim endgültigen Einkleiden der Puppe ziehe ich noch ein schmales Satin- oder Ripsbändchen unter dem Kragen durch und binde vorne eine großzügige Schleife.

Matrosenmütze

Bei diesem Kostüm ist die Kopfbedeckung ein absolutes Muß, sonst ist es nicht komplett. Deshalb soll das Modell hier direkt im Anschluß erklärt werden. Variationsmöglichkeiten für andere Kostüme finden Sie bei den übrigen Hüten.
Sie schneiden zunächst zwei gleichgroße Kreise von etwa 30 cm Durchmesser zu. Für einen unifarbenen Hut aus einer Stoffsorte, für einen zweifarbigen natürlich aus den beiden Stoffsorten, die Sie für den Anzug verwandt haben. Entscheiden Sie, welcher Stoff unten liegen soll, und schneiden Sie aus diesem dann in der Mitte nochmals einen Kreis heraus. Dieser kleinere Kreis sollte ungefähr dem Kopfumfang Ihrer Puppe entsprechen. Messen Sie deshalb nach, damit die Mütze hinterher gut sitzt. Als nächstes schneiden Sie einen etwa 3 cm breiten Streifen, ebenfalls so lang wie der Kopfumfang plus einer Nahtzugabe, zurecht. Dieser bildet dann den unteren Rand der Mütze.
Wenn Ihr Stoff sehr fein ist, sollten Sie ihn mit einer Einlage verstärken. Dazu nehme ich Bügelvlieseline, die von innen, das heißt, links, auf die beiden Kreise gebügelt wird, bevor ich mit dem Nähen beginne. Wenn Ihr Hütchen eine Verzierung bekommen soll, muß das wieder als erster Nähschritt geschehen. Ich würde an entsprechender Stelle ein marineblaues Bändchen aufsteppen. Danach wird der Streifen rechts auf rechts auf das untere Mützenteil gesteppt, und zwar rund um den Kopfausschnitt. Dabei schließen Sie den Streifen zu einem Kreis. Anschließend wird der Stoffstreifen zur Hälfte umgelegt und hochgestellt, danach von innen von Hand sauber vernäht. Sie haben jetzt das untere Mützenteil mit dem Kopfrand fertiggestellt. Darauf steppen Sie rechts auf rechts den ganzen Kreis, wenden und bügeln – und fertig ist die Matrosenmütze.

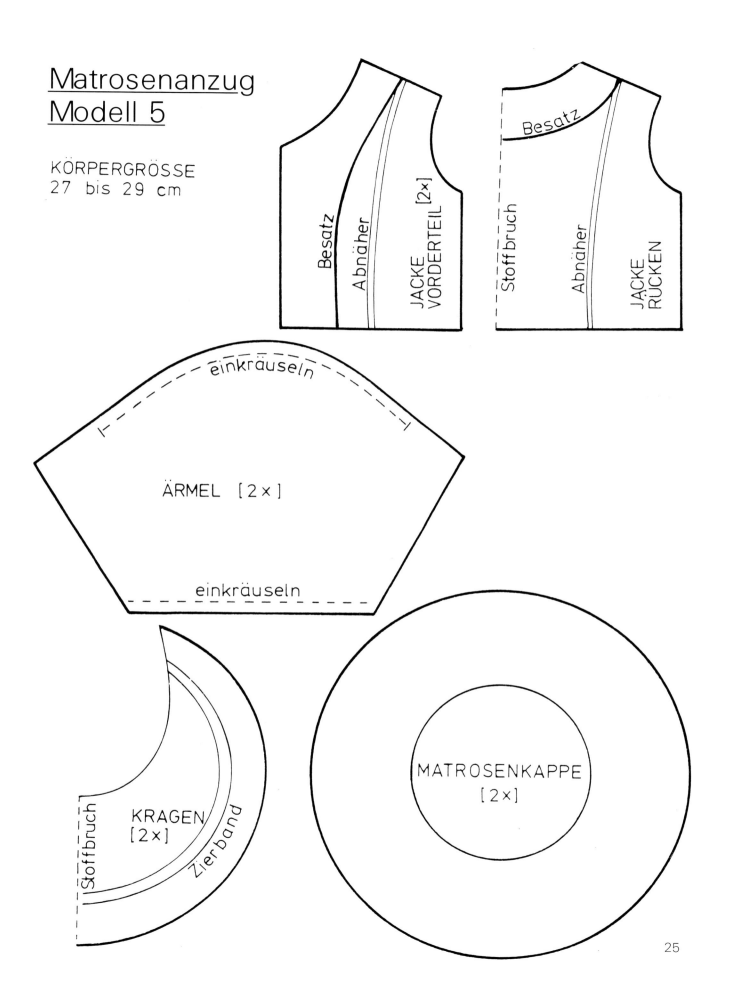

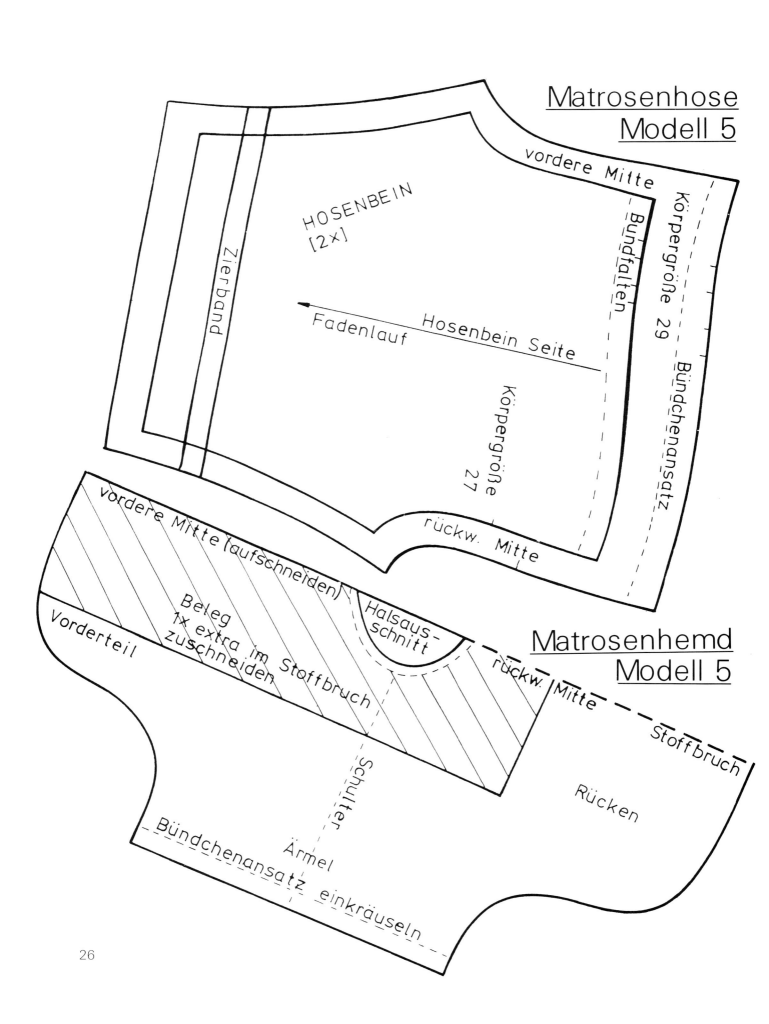

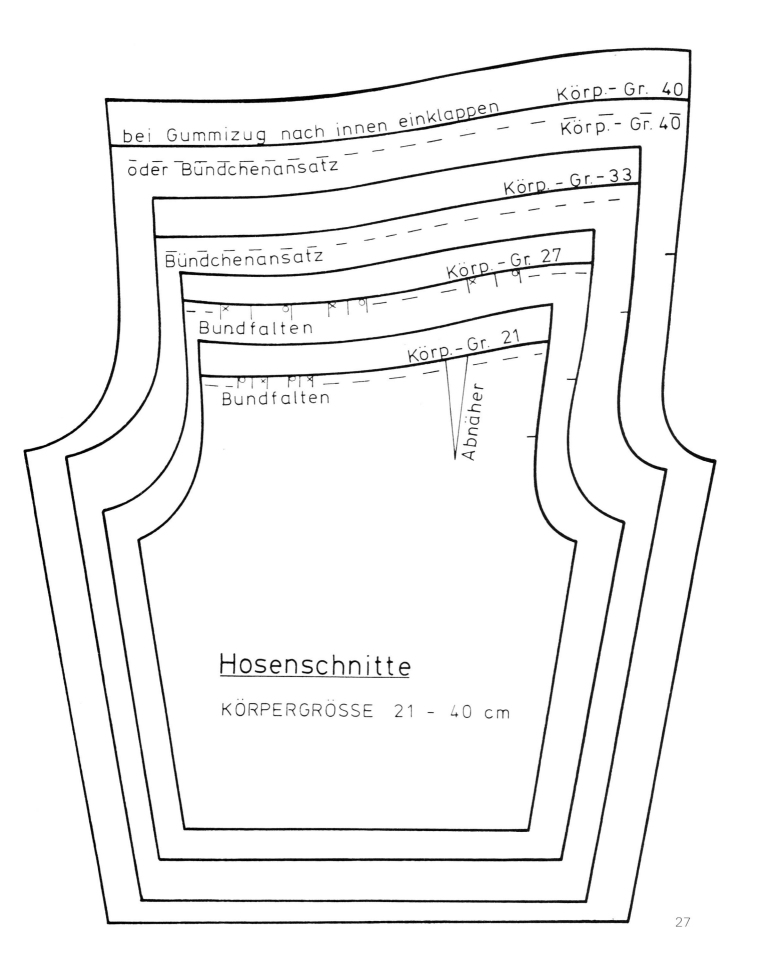

Modell 6

Sonntagskleid

Körpergröße 40 cm

- *60 x 90 cm Stoff*
- *2,70 m Spitze insgesamt*

Ich habe dieses feine Sonntagskleid für eine blonde Puppe entworfen, und deshalb einen hellen, cremefarbenen Stoff gewählt, der zu seinen aufgestickten Rosen zarte Spitzen in derselben Farbe als Schmuck bekommen hat. Eine Besonderheit meines Modelles: Der Stoff ist durchscheinend – Sie kennen den Voile schon von Modell 2. Hier trägt die Puppe ein langes Unterkleid in derselben Farbe separat darunter.

Natürlich läßt sich dieses Kleidchen auch aus vielen anderen Stoffen nähen, so daß das Unterkleid für dies Schnittmodell nicht zwingend notwendig ist. In einem gesonderten Abschnitt beschreibe ich verschiedene Unterwäscheteile, die Sie so mit den Kleidern kombinieren können, wie es Ihnen gefällt. Hier also das Kleid:

Schneiden Sie alle Teile nach dem Schnittmuster zu. Wie schon bekannt, werden zuerst die Schulternähte geschlossen. Die obere Rundung der Ärmel wird auf die Ärmelausschnittlänge zusammengekräuselt und eingesetzt.

Für den gerüschten Spitzenbesatz empfehle ich Ihnen eine Spitze, die an beiden Kanten gebogt ist, was auch am unteren Rocksaum besonders schön zur Geltung kommt, weil sie sich dann gut in der Mitte rüschen läßt. Wenn Sie keine solche Spitze finden, nehmen Sie einfach zwei Litzen, die Sie jeweils an der geraden Kante kräuseln und dann nebeneinandersetzen. Sie brauchen pro Seite 45 cm Spitze für das Oberteil. Diese kräuseln Sie auf ca. 23 cm zusammen und steppen sie an den eingezeichneten Linien auf.

Bei den Ärmeln wird der untere Rand auf 15 cm eingekräuselt. Hier wird die Spitze glatt aufgenäht. Dies geschieht als nächstes, nämlich vor dem Schließen der Ärmel- und Seitennähte. Sie brauchen pro Ärmel 15 cm von dem Spitzenband.

Danach werden Ärmel- und Seitennähte zugesteppt. Das Oberteil ist extra weit geschnitten. Damit es schön blusig fällt, wird es am Halsausschnitt leicht eingekräuselt. Kontrollieren Sie diese Länge am Hals Ihrer Puppe. Den Kragen bildet eine Spitzenlitze mit ausgeprägter Bogenkante. Ich habe dieses Spitzenband auch im Rückenteil an einer Seite entlanggeführt, damit der Verschluß eine hübsche Blende hat. Für Hals und Rücken brauchen Sie ca. 30 cm Spitze, die glatt angesetzt wird. Für den Rock schneiden Sie sich einen geraden Streifen von 24 x 90 cm zu. Die Verzierung am unteren Saumabschluß wird zuerst angenäht. Wenn Sie tatsächlich eine nach beiden Seiten gebogte Spitze haben, setzen Sie diese in der Mitte auf die untere Stoffkante.

Die obere Stoffkante wird auf den Bauchumfang der Puppe eingekräuselt, hier 31 cm. Auf diese Kräuselnaht setzen Sie direkt von rechts das Oberteil des Kleides und darüber dann ein schmales Spitzenband (31 cm). Die rückwärtige Naht 20 cm hoch schließen und den Rückenausschnitt versäubern. Drei Druckknöpfe annähen, die unter der Spitzenblende verschwinden.

Eine Schleife aus Satinband am Rocksaum angenäht, gibt dem Modell den letzten Pfiff.

Modell 7

Samtanzug

Körpergröße 40 cm

- *Weste/Hose/Hut: 60 x 90 cm Samt*
- *Hemd: 45 x 90 cm Baumwolle*

Der Junge auf dem Bild trägt einen feinen Samtanzug – Hose und Weste – mit einem Leinenhemd mit großem Spitzenkragen.

Wie die Hosen genäht werden, wissen Sie ja bereits von den Matrosenanzügen. Benutzen Sie dazu den Schnitt für die Körpergröße 40 cm.

Modell 6: Sonntagskleid
Puppe: Kämmer & Reinhardt 117N

Modell 7: Samtanzug
Puppe: Kämmer & Reinhardt 114, Hans

Modell 7: Samtanzug

Sonntagskleid   Modell 6

KÖRPERGRÖSSE 40 cm

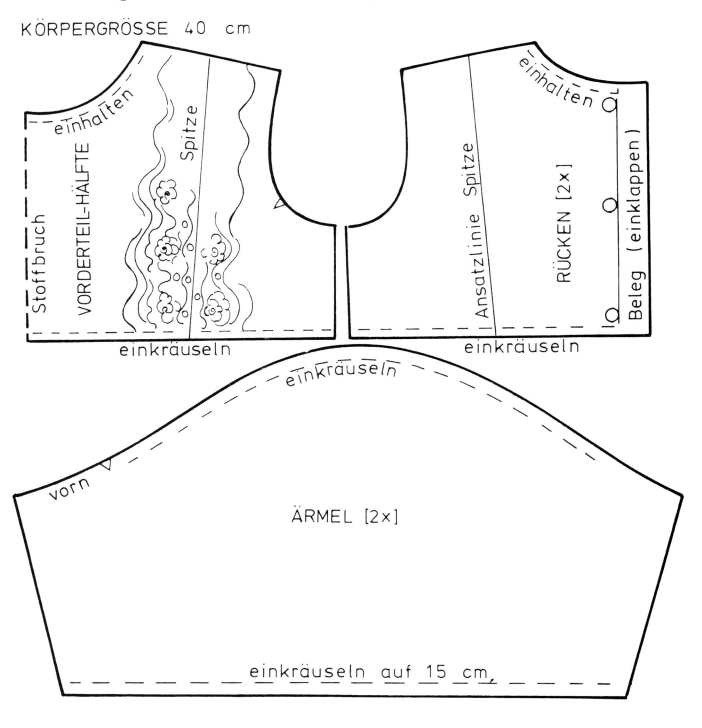

Modell 7: Samtanzug, Hemd mit Spitzenkragen

Die Weste dieses Anzugs läßt sich vielfältig verwenden. Mit Hosen aus demselben Stoff und einem aufwendigen Hemd haben Sie jeweils einen tadellosen Anzug; aus einem anderen Stoff genäht, kann sie attraktive Akzente setzen; oder sie wird sogar aus Satin zusätzlich zu einem Anzug mit Jacke getragen. Dieses Solomodell hat mit andersfarbigem Satinband eingefaßte Armausschnitte.

Sie schneiden drei Teile für die Weste zu. Zuerst nähen Sie die Abnäher an den eingezeichneten Stellen ein, dann sitzt die Weste später sehr schön körpernah. Danach werden die Schulternähte geschlossen. Die Armlöcher werden mit fertiggekauftem Satin- oder ähnlichem Schrägband versäubert. Man legt zuerst eine Kante des Bandes rechts auf rechts auf die Stoffkante und steppt es fest. Anschließend wird das Band um die Kante nach innen eingeschlagen. Die offene Kante wird umgelegt und per Hand innen in der Weste festgenäht. Nun wird die Weste an den Seitennähten geschlossen.
Falls Sie nicht alle Teile rundum kettln, bevor Sie sie verarbeiten, sollten Sie aber in jedem Fall die Belegstreifen abkettln. Danach werden sie in der Westenform an den Schultern zusammengenäht. Legen Sie sie rechts auf rechts auf die fertige Weste. Steppen Sie entlang der Kante und schlagen Sie den Streifen nach innen um.
Der untere Westensaum wird von Hand umgenäht. Ich habe um die ganze Weste von rechts knapp an der Kante entlang eine Ziersteppnaht gemacht.

Der Anzug wird komplettiert durch einen Hut aus demselben Material. Sie kennen das Modell bereits als Matrosenmütze. In dem dunkelgrünen Samt wirkt es eher wie ein Barett. Für diese große Puppe wird der Hut entsprechend größer gearbeitet. Sie brauchen zwei Kreise von je 22 cm Durchmesser. Einer davon wird entsprechend dem Kopfumfang der Puppe abermals kreisförmig ausgeschnitten. Hier sind es 8,5 cm. Wenn Sie Samt für Ihr Modell verarbeiten, werden Sie merken, daß rechts auf rechts gelegte Teile stark verrutschen. Abhilfe schaffen Sie, indem Sie erst heften, bevor Sie nähen.
Die Kappe hat bei meinem Modell als Kopfabschluß ebenfalls ein Satinband, genau wie die Weste.

Hemd mit Spitzenkragen

Sie finden im Schnitt zwei verschiedene Hemdengrößen. Die kleineren Teile sind passend für eine Puppe mit der Körpergröße 33 cm. Dieses Hemd gehört zu dem folgenden Anzug Modell 8.
Für Modell 7 schneiden Sie die größeren Teile zu. Beachten Sie, daß der große Kragen im Stoffbruch geschnitten wird. Sie brauchen dieses Teil 2x für Ober- und Unterseite. Die Kragenteile werden rechts auf rechts sehr schmal zusammengesteppt. Die gerade Halsseite bleibt offen. Wenden Sie den Kragen und bügeln Sie die Naht glatt. Wenn es Ihnen gefällt, setzen Sie um die Rundung eine Spitzenkante. Diese können Sie entweder auf die Oberseite steppen oder auf die untere Kragenseite, dann verschwindet der Ansatz. Der fertige Kragen wird jetzt erst einmal beiseite gelegt. Bei dem Hemd werden wieder als erstes die Schulternähte geschlossen. Wie bereits bei den anderen Modellen beschrieben, werden die Ärmel gekräuselt und in die Armausschnitte eingesetzt.
Dieses Hemd hat manschettenähnliche 2 cm breite Ärmelbündchen. Dafür wird die Ärmelkante leicht eingekräuselt. Auf diese Kräuselnaht wird rechts auf rechts der Streifen für das Bündchen gesteppt, ca. 4 cm breit. Danach werden in einem Zug die Seitennaht des Hemdes, die Ärmel- und die Bündchennaht geschlossen. Dazu legen Sie das ganze Hemd rechts auf rechts.
Das Bündchen wird auf die fertige Breite eingeschlagen und von Hand innen sauber festgenäht. Jetzt muß das Modell anprobiert werden. Die Vorderseiten werden am Körper entsprechend der Einzeichnung nach innen umgeklappt, damit die Knopfleiste verstärkt wird. Ich habe diese Naht mit der Maschine genäht und gleichzeitig auf der rechten Seite eine schmale Spitze als Zierde mitgefaßt, so daß die Naht nicht sichtbar ist. Sie können aber auch innen von Hand säumen. Der untere Hemdensaum wird knapp umgeschlagen und festgenäht.
Zu guter Letzt wird der Kragen angesetzt. Sie bringen ihn in seine Position auf dem Hemd und stecken die untere offene Kragenkante fest. Diese wird mit der Maschine festgesteppt. Die obere Kragenkante wird nach innen umgeschlagen und von Hand sauber vernäht.
Das Hemd wird mit Druckknöpfen geschlossen. Wenn Ihr Modell nicht so verspielt mit Spitze sein soll, setzen Sie Zierknöpfe auf.

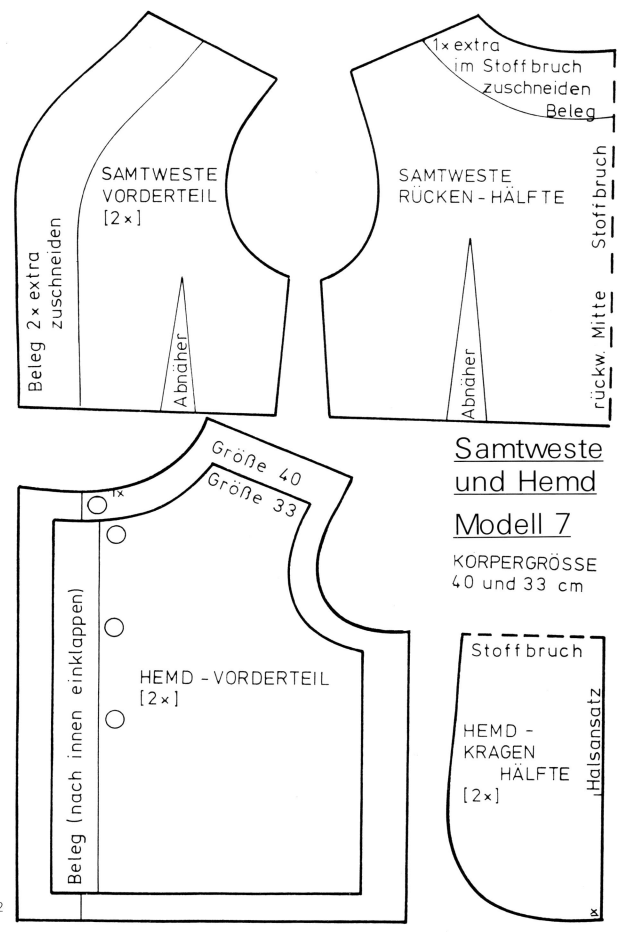

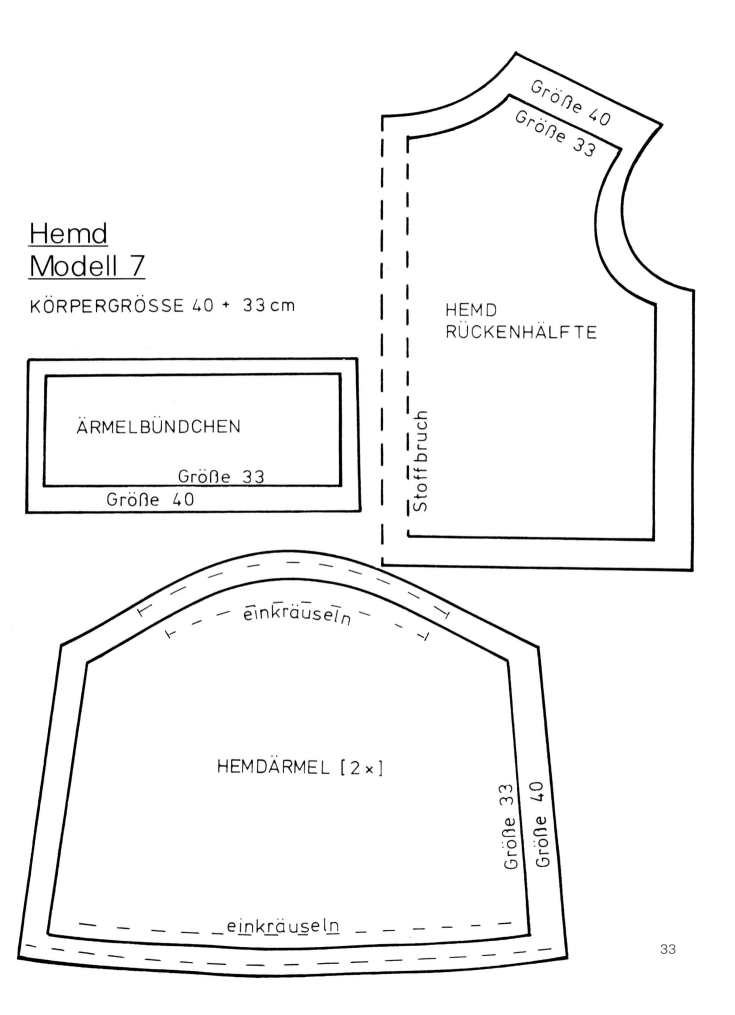

Modell 8: Französischer Anzug

Modell 8

Französischer Anzug

Körpergröße 33 cm

- *Jacke: 35 x 90 cm Brokat*
  50 cm Spitzenband
- *Hose: 35 x 90 cm Stoff*

Für diese französische Puppe stelle ich Ihnen einen sehr feinen Anzug vor, der aber trotzdem einfach zu nähen ist. Er besteht aus einer braunen Samthose, einer Jacke aus Goldbrokat und einem schlichten weißen Hemd.
Wie die Hose genäht wird, finden Sie ausführlich bei den Matrosenanzügen beschrieben. Dies Modell hat lediglich an den Beinen 2 cm breite Bündchen als Abschluß. Dazu werden die Hosenbeine leicht eingekräuselt.
Das Hemd wird genauso gearbeitet wie das Modell 7. Diese einfachere Version hat keinen großen Kragen, sondern nur eine kleine Spitzenkante am Hals wie ein Stehkragen, weil es ohnehin unter der Jacke kaum zu sehen ist. Sie könnten eine kleine Rüsche an die Ärmelkante nähen und diese unter dem Jäckchen hervorblitzen lassen.

Für das kleine Jäckchen habe ich glücklicherweise einen alten Brokatstoff gefunden. Solche Stoffe wurden früher auch für Decken und Vorhänge verarbeitet. Vielleicht finden Sie so etwas auf einem Flohmarkt oder bei einer Großmutter auf dem Boden. Da die Teile meistens sowieso nicht mehr so gut erhalten sind, kann man sie ruhig für Puppenmode zerschneiden. Jedenfalls für Reproduktionen alter Puppen finde ich es herrlich, wenn man original alte Stoffe zur Verfügung hat.

Um die Jacke herzustellen, schneiden Sie erst einmal alle Teile nach dem Schnitt zu. Bedenken Sie immer eine Nahtzugabe.
Die Reihenfolge der Nähschritte ist ja schon bekannt: Wie bei der Weste werden zuerst die Abnäher eingenäht. Dann Schulternähte schließen, Ärmel einkräuseln – in diesem Fall recht üppig –, Ärmel einsetzen. Seitennähte und Ärmelnähte in einem Zug schließen. Ärmel auf die gewünschte Länge einschlagen und von Hand säumen. Belege vorbereiten und rechts auf rechts annähen. Nach innen umschlagen und versäubern.
Bei diesem Modell wird auch an der unteren Jackenkante ein Beleg notwendig, weil die Jacke im Rücken keine gerade Kante hat, sondern eine Spitze in der Mitte wie ein Spencerjäckchen. Ein einfacher Saum ließe sich hier schlecht falten und würde nicht so akkurat aussehen.

Rund um die Jackenöffnung läuft eine gekräuselte Spitzenkante, die von innen per Hand eingenäht wird. Die Jacke wird offen ohne Verschluß getragen, sie hat aber als Verzierung rechts und links auf den Vorderteilen je einen geprägten Goldknopf.
Die Kappe, die der Junge trägt, ist wohl die einfachste Art der Kopfbedeckung. Schlichtweg ein Kreis, der mit einem Gummiband zusammengezogen wird. Dazu brauchen Sie Stoff, 24 cm im Durchmesser, den Sie lediglich rundum etwas breiter säumen, so daß ein Tunnel entsteht, durch den ein dem Kopfumfang entsprechendes Gummiband gezogen wird. Als Schmuck für dieses Käppchen eignen sich kleine Quasten, Satinschleifen oder Goldknöpfe. Lassen Sie Ihre Phantasie spielen.

Modell 8: Französischer Anzug
Puppe: Leon Casimir Bru, Bru Jne 8

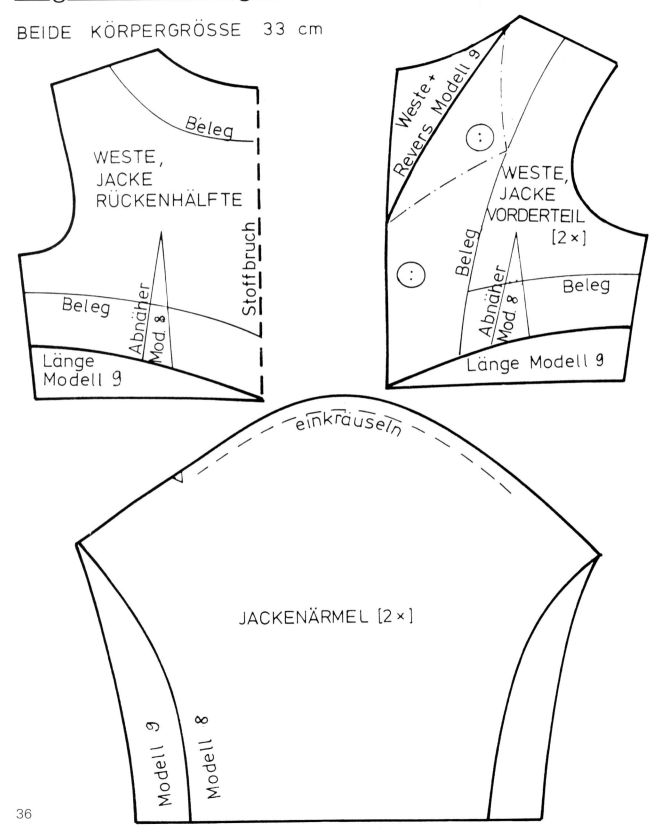

Modell 9

Englischer Jagdanzug

Körpergröße 33 cm

– *Jacke: 35 x 90 cm Stoff*
– *Hose: 35 x 90 cm Stoff*

Die Anzüge, die ich Ihnen hier an zwei Puppen aus meiner Tierkollektion zeige, sind sehr ähnlich zu nähen wie der französische Anzug. Der Schnitt für die Jacke ist nur geringfügig abgewandelt; einmal als Weste ohne Ärmel und einmal als Jacke mit Aufschlag als Revers und etwas verlängerten Seitenteilen. Diese sportliche Jackenversion hat etwas weitere Ärmel. Ich habe für die Anzüge, passend zu den „Jagdhunden" einen karierten Wollstoff verarbeitet, wie er für Herrensakkos verwandt wird. Die Hosen sind aus derbem Breitkord – ein Outfit ganz im Stil englischer Landlords. Sie dürfen meine Hundepuppen ruhig mit einem Augenzwinkern betrachten. Aber diese Anzüge sind doch bestimmt bestens geeignet für moderne Puppen. Die Schnitte beziehen sich auf eine Körpergröße von 33 cm.

Die Nähanleitung für die Jacken finden Sie bei dem vorhergehenden Modell. Für dies Modell habe ich die Belege in einer passenden Unifarbe zugeschnitten. Beim Umklappen der Revers erscheint Stoff auf der Vorderseite der Jacke und bildet einen hübschen Kontrast. Auf die Revers habe ich kleine Hornknöpfe als Zierde gesetzt und mit ebensolchen Knöpfen einen Verschluß genäht.

Die Weste ist im Vorderteil wieder schmaler geschnitten. Wie die Brokatjacke hat sie einen spitzen Halsausschnitt. Die Ärmel entfallen, dafür müssen die Armlöcher gut versäubert werden. Das geht am besten mit einem Belegstreifen. Knopfverschluß mit Trachtenkette – fertig.

Die Hosen müssen auch nicht extra beschrieben werden, Sie finden den Schnitt auf dem Hosenschnittblatt eingezeichnet. Diese Modelle haben an den Beinen einen leicht eingekräuselten Abschluß und ein angesetztes Bündchen. Dafür habe ich die Kordrippen quer verarbeitet.

Modell 9: Englischer Jagdanzug
Puppe links: Hund Emil
Puppe rechts: Hund Ferdi
beide Künstlerpuppen Gerda Schaumann-Langrehr

Modell 10: Strickanzug

Modell 10

Strickanzug

Körpergröße 40 cm

– ca. 150 g Wolle

An der Puppe 114 von Kämmer & Reinhardt, Hans, zeige ich Ihnen eine Kleidungsvariante, bei der Sie nicht nähen müssen. Ein Strickanzug im Trachtenstil kann bei Puppenjungen recht zünftig aussehen und ist auch für Puppen von Kindern geeignet, mit denen wirklich gespielt wird. Allerdings muß ich Sie vorab warnen: So eine Strickkombination ist nichts für ungeübte Strickerinnen. Man muß nicht nur Geduld dafür haben, sondern auch einiges Geschick im Umgang mit den Nadeln. Haben Sie vielleicht eine Großmutter, die das Strümpfestricken noch beherrscht? Für sie dürfte der Anzug gar kein Problem sein. Ich habe ihn aus hellgrauer Wolle gestrickt, mit flaschengrünen Akzenten. Und so wird's gemacht:
Zunächst brauchen Sie eine Maschenprobe, um meine Maße auf Ihre Strickart einzustellen. Für ein Quadrat von 10 x 10 cm habe ich 26 Maschen und 37 Reihen gestrickt, mit einer Nadel Stärke 2–2$^{1}/_{2}$ und Wolle mit einer Lauflänge von 120 m. Das ist sehr fest gestrickt; dadurch wirkt der Anzug insgesamt schön glatt.
Für die Hose werden 88 Maschen aufgenommen, und zwar verteilt auf 4 Nadeln. Sie stricken von oben nach unten, beginnend in der Taille. Ein Bündchen wird 5 Runden nur rechts gestrickt. Danach 1 Runde links. Dieses wird später nach innen eingeschlagen und festgenäht.

Nun stricken Sie 37 Runden rechts. Danach wird der Rumpf geteilt und je Bein 44 Maschen auf wiederum je 4 Nadeln aufgenommen. Jedes Bein wird aus 39 Runden rechts und für den Abschluß 7 Runden links gestrickt. Dieser Abschluß soll dann nach außen aufgeklappt und festgenäht werden. Vorher bekommt er eine dunkelgrüne Häkelkante.

Die Hosenträger sind nur 6 Maschen breit. Sie stricken je Träger 60 Reihen nur rechts.
Wie bei Lederhosen ist hier eine Art Latz zwischen den vorderen Trägern angenäht. Dies Teilchen geht so: 4 Maschen aufnehmen, 5 Reihen rechts und zurück links stricken. Nach der 6. Reihe in der Mitte 1 grüne Masche aufnehmen und dann bei jeder weiteren Reihe 1 grüne Masche an jeder Seite zunehmen, bis in der Mitte 5 grüne Maschen sind und an den Seiten 2 graue. Von der Mitte aus genauso abnehmen: an jeder Seite 1 grüne Masche weniger, bis nur noch 4 graue auf der Nadel sind. Damit 5 Reihen weiterstricken.
Diese Verzierung auf der Brust zwischen die Träger nähen. Im Rücken habe ich die Hosenträger über Kreuz angenäht.

Die Jacke wird bis auf die Ärmel in einem Teil gestrickt. Ich habe die grüne Umrandung gleich mit angestrickt. Wenn Ihnen das ständige Garnwechseln aber zu umständlich ist, können Sie sich die Arbeit etwas vereinfachen: stricken Sie nur in der Grundfarbe und umhäkeln Sie anschließend die ganze Jacke. Ich gebe die Maße ohne den grünen Rand an.
Sie beginnen am unteren Jackenrand zu stricken und nehmen 100 Maschen auf. Davon sind an jeder Seite 12 für das Muster im Vorderteil vorgesehen.
2 Maschen rechts, 3 Maschen links, 4 Maschen rechts für die Zöpfe, 3 Maschen links, 76 Maschen rechts. Jetzt wieder das Muster, also: 3 Maschen links, 4 Maschen rechts (Zopf), 3 Maschen links, 2 Maschen rechts. Zurück stricken Sie so, wie es erscheint.

Modell 10: Strickanzug
Puppe: Kämmer & Reinhardt 114, Hans

Modell 10: Strickanzug

In jeder 8. Reihe werden für den Zopf 2 Maschen auf eine 3. Nadel genommen. Die 2 folgenden Maschen werden zuerst abgestrickt, danach die Masche auf der 3. Nadel. So entsteht durch Verdrehen das Zopfmuster. Ab Reihe 37 werden Vorderteile und Rücken jeweils für sich zu Ende gestrickt. Je Seite 27 Maschen, für den Rücken 46 Maschen. In Ärmelausschnitthöhe endet das Zopfmuster. Hier werden bei beiden Vorderteilen auf der rechten Seite die 12 Maschen über dem Zopfmuster links gestrickt. Sie müssen auf der linken Seite rechts erscheinen, denn dies Stück wird später umgeschlagen und bildet das Revers.
Nach 20 Reihen strickt man die 12 Maschen des Zopfmusters im Vorderteil ab. Die restlichen 15 Maschen bilden die Schulter und werden noch 5 Reihen höher gestrickt.
Im Rücken nach der Teilung 20 Reihen glatt rechts hoch stricken. Für den Halsausschnitt in der Mitte des Rückenteils 18 Maschen abstricken. Die verbleibenden 14 Maschen je Schulter 5 Reihen hochstricken, dann abstricken. Nun können die Schulternähte geschlossen werden.

Die Ärmel werden von der Armkugel nach unten gestrickt. Sie brauchen dafür zuerst 20 Maschen. In jeder Reihe an jeder Seite 1 Masche zunehmen, bis Sie 38 Maschen auf der Nadel haben. Dann schließen Sie den Ärmel zur Runde und verteilen die Maschen auf 4 Nadeln. Nun 37 Runden rechts stricken. Danach 8 Runden links für den Aufschlag, der nach außen geklappt wird, wie bei den Hosenbeinen.
Nun werden die Ärmel eingenäht. Bevor Sie die Aufschläge festnähen, wird die grüne Kante angehäkelt, ebenfalls die Verzierung rund um die Jacke. Zum Schluß klappen Sie das Revers nach außen und verzieren es mit zwei kleinen Hornknöpfen.

Hut zum Strickanzug

Wenn der kleine Junge ganz ausgehfein sein soll, bekommt er zu seinem Anzug auch den passenden Hut. Dazu brauchen Sie 80 Maschen, auf 4 Nadeln in der Runde gestrickt. Die ersten 2 Runden werden in Grau 1 rechts 1 links gestrickt, damit der Rand sich nicht aufkrempelt. Die 3. und 4. Runde sind in Grün nur rechts gestrickt. Danach in Grau weiter hoch. In der 16., 20., 23. Runde am Anfang und Ende jeder Nadel 2 Maschen zusammenstricken. Ab der 25. Runde jedesmal am Anfang und Ende der Nadeln 2 Maschen zusammenstrikken. Die letzten 5 Maschen werden abschließend mit einem Faden zusammengezogen und vernäht. Ich habe noch einen grünen Wollfaden etwa in der 16. Reihe um den Hut gelegt, mit einer Schleife zugebunden und sauber angenäht.

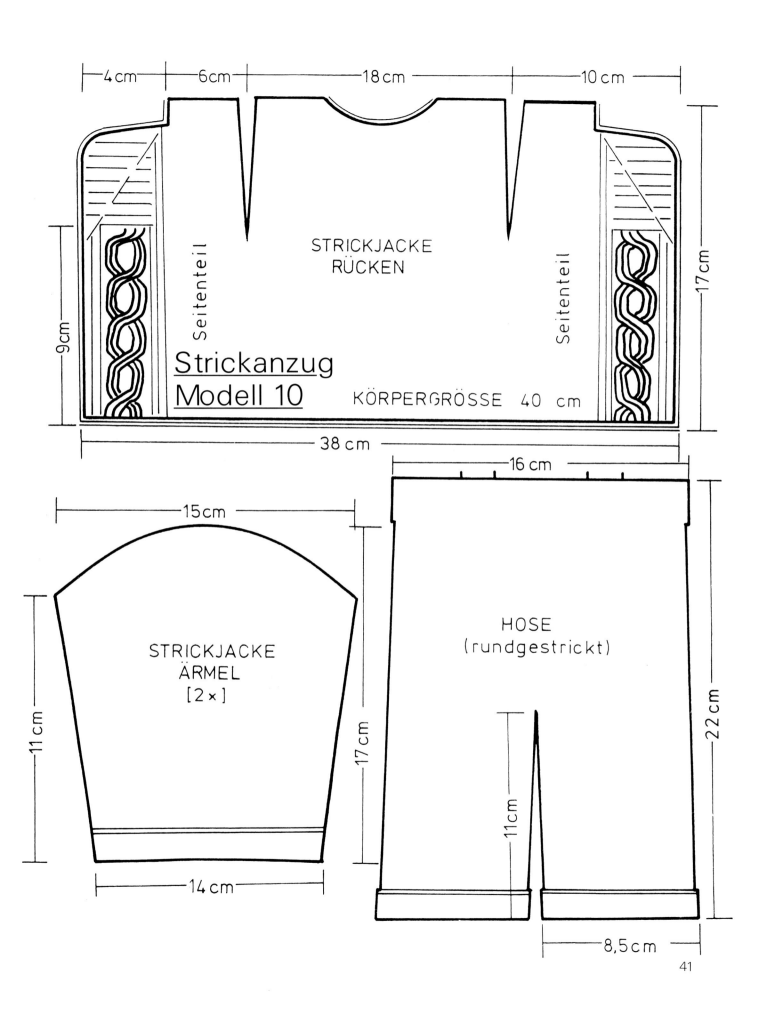

Modell 11

Babykleidchen

Babykörpergröße 35

– 60 x 90 cm Batist
– 1,50 m Spitze
– 1,50 m Seidenband 0,5 cm breit

Die Puppe 116 A von Kämmer & Reinhardt ist eine herzige Babypuppe. Wie das Gesicht nach dem menschlichen Vorbild gestaltet wurde, mit rundem Kopf und Pausbacken, ist natürlich auch der Körper für eine Babypuppe insgesamt rundlicher und etwas pummelig. Deshalb sitzt dieses Kleid locker wie ein Hängerchen. Speziell Babypuppenkörper sind sehr unterschiedlich gestaltet, deshalb sollten Sie den Schnitt auf jeden Fall vor dem Verarbeiten anhalten.

Ich habe für das Babykleid weißen Baumwollbatist ausgesucht und Lochspitzen aus demselben Stoff. Nachdem Sie den Stoff mit Nahtzugabe zugeschnitten haben, schließen Sie als erstes die Schulternähte. Die Ärmel werden eingekräuselt und eingesetzt. Als nächstes wird der große Kragen vorbereitet. Dazu säubern Sie ihn und setzen entsprechend der Einzeichnung eine Spitze auf. Dann wird der Kragen rund um den Halsausschnitt in Position gelegt. Mit einem Schrägstreifen aus demselben Stoff (21 x 2 cm) wird er eingefaßt und am Kleidchen festgenäht. Dadurch entsteht ein etwa 5 mm hohes Bündchen.

Die Ärmel werden am Bündchen auf 12 cm eingekräuselt und ebenfalls mit einem Schrägstreifen aus dem Kleiderstoff eingefaßt. Ich habe auf dies Bündchen als Dekoration ein feines rosa Satinbändchen gesteppt. Nun die Ärmelnaht und die kleine Seitennaht der Passe in einem Zug schließen.

Modell 11: Babykleidchen
Puppe: Kämmer & Reinhardt 116 A

Babykleidchen Modell 11

KÖRPERGRÖSSE 35 cm

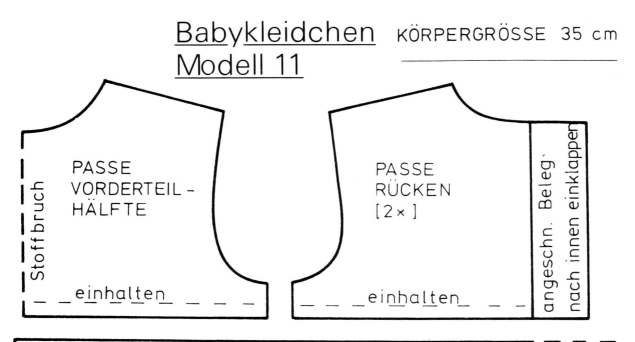
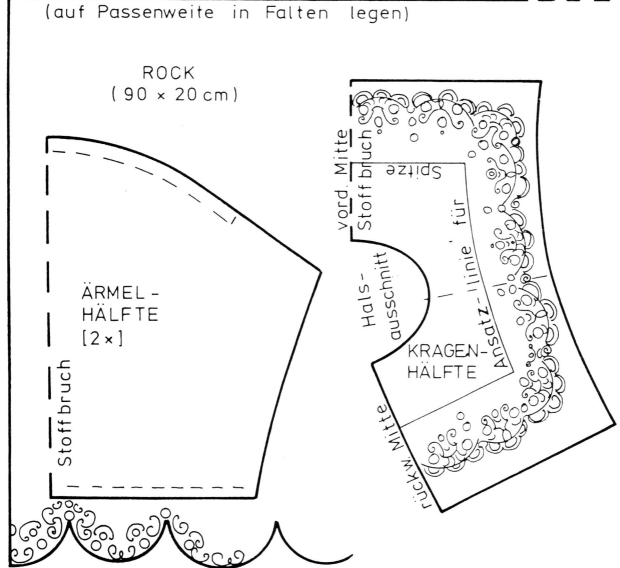

Modell 11: Babykleidchen

Unterwäsche

Der Rock hat am unteren Rand drei Biesen. Diese Quernähte machen Sie als erstes: von der Taille aus gemessen bei 15 cm beginnend in 3 cm Abstand. An den unteren Rand eine etwa 4 cm breite Spitze ansetzen. Danach wird der Rock in Falten gelegt, so daß er auf den Umfang der Passe verkleinert wird. Verteilen Sie die Falten gleichmäßig von der Mitte aus nach rechts und links. Falten heften und den Rock rechts auf rechts an die Passe annähen. Die Naht 15 cm hoch schließen. Danach kann der Rückenausschnitt des Kleides versäubert und mit Knöpfen versehen werden.

Die Spitzen, die mir für dieses Kleidchen passend erschienen, haben relativ große Löcher. So konnte ich ein rosa Bändchen, wie an den Ärmeln, durch die Kante am Rocksaum ziehen und seitlich zu einer Schleife binden.

Unterwäsche

Zu einer schönen Puppengarderobe gehört natürlich auch eine Wäscheausstattung. Perfekt gekleidet ist die Puppe erst mit einer zu Kleid oder Anzug passenden Unterwäsche. Wie entzückend wirkt manches Kleid durch die Spitze des Unterrockes, die unter dem Saum hervorlugt, oder ein Anzug, aus dessen Hosenbeinen ein Stückchen von der Hose darunter hervorblitzt!
Bei manchen Wäscheteilen könnte man fast meinen, sie seien nur zum Daruntertragen zu schade – aber das macht vielleicht gerade ihren Reiz aus. Ich zeige Ihnen hier verschiedene Möglichkeiten, Ihre Puppenkinder und -damen entsprechend modisch oder züchtig auszustatten. Das wohl einfachste Wäscheteil zuerst:

Unterhosen

Sie werden genauso genäht wie die „richtigen" Hosen, deshalb finden Sie alle Schnitte zusammen abgebildet. Wenn Sie die entsprechende Größe herauskopiert haben, geht das Nähen wie vorne beschrieben. Was die Unterhosen eigentlich kennzeichnet, sind ihre Dekorationen. Da gibt es Pluderhosen mit gerüschten Beinsäumen, gerade Hosen mit Biesen an den Beinen, Spitzen als Abschlußkanten, durchgezogene Gummis oder Schleifenbändchen, und, und, und. Bei der Gestaltung können Sie spielerisch kreativ sein. Oftmals geben schon die ausgewählten Stoffe die Dekoration vor. Ein grober Leinenstoff wird nicht so üppig verarbeitet wie feine Seide und auch sicher nicht mit Satinbändchen verziert wie etwa ein Batist, sondern vielleicht mit einer kleinen Häkelkante aus Baumwollgarn.
Denken Sie immer an den Gesamteindruck, den die Puppe machen soll. Eher ländlich-sittlich oder mondän und elegant?

Unterhemden

Die Hemden, die zu den Hosen getragen werden, können unterschiedlich lang sein und sind natürlich auch wieder stilgerecht verziert. Der Schnitt ist denkbar einfach. Rückenteil und zwei Vorderteile werden miteinander verbunden, so daß das Hemdchen vorne offen bleibt. Auf der Abbildung sehen Sie oben rechts ein ganz umhäkeltes Modell. Ihre Verzierungen können Sie beliebig gestalten.

Unterkleid

Für eine aufwendige Kleidung zeige ich Ihnen ein sehr „angezogenes" Unterkleid. Gefällt es Ihnen für eine Ihrer Puppen?
Es hat einen separat angesetzten, stark gekräuselten Rock und ein hochgeschlossenes Oberteil. Ich habe dieses Unterkleid aus einem alten Baumwollstoff in Leinenstruktur genäht und reichlich mit alten, gehäkelten Baumwollspitzen verziert.

Wenn Sie sich die Teile zugeschnitten haben, schließen Sie zuerst Schulter- und Seitennähte im Oberteil. Danach wird der Rock gekräuselt und angenäht. Bevor das Kleid hinten geschlossen wird, setzen Sie Zierspitzen auf. Ich habe unterschiedliche Spitzen für Ober- und Unterteil gewählt, die ich rund um die Ärmellöcher und den Hals und, zweifach übereinander, am Rocksaum angesetzt habe. An der Taillennaht sitzt eine extra eingekräuselte Spitze wie ein Schößchen.
Wenn es nicht ganz so üppig sein soll, können Sie auch einen durchgehenden Unterrock nähen, der nicht gekräuselt ist. Dazu brauchen Sie nur ein Vorder- und ein Rückenteil, die Sie nach dem Schnitt im Stoffbruch zuschneiden. Der Unterrock wird auf den Schultern mit einem Druckknopf geschlossen. So läßt er sich gut an- und ausziehen und braucht im Rücken keinen Verschluß. An den eingezeichneten Stellen bekommt der Unterrock Biesen oder Abnäher, die ihn in Form bringen. Das schmalere Oberteil trägt dann nicht so sehr auf.
Wenn Sie die Biesen genäht haben, werden die Teile lediglich an den Seiten zusammengenäht. Als Verzierung und gleichzeitig Nahtversäuberung bringen Sie kleine Spitzenborte an Ärmel- und Halsausschnitten an. Wenn Sie wollen, auch unten am Saum – und der Unterrock ist fertig.
Noch ein Tip für die Stoffauswahl: Nicht nur in Weiß, sondern auch in cremigen Farbtönen sehen Wäscheteile fein aus.

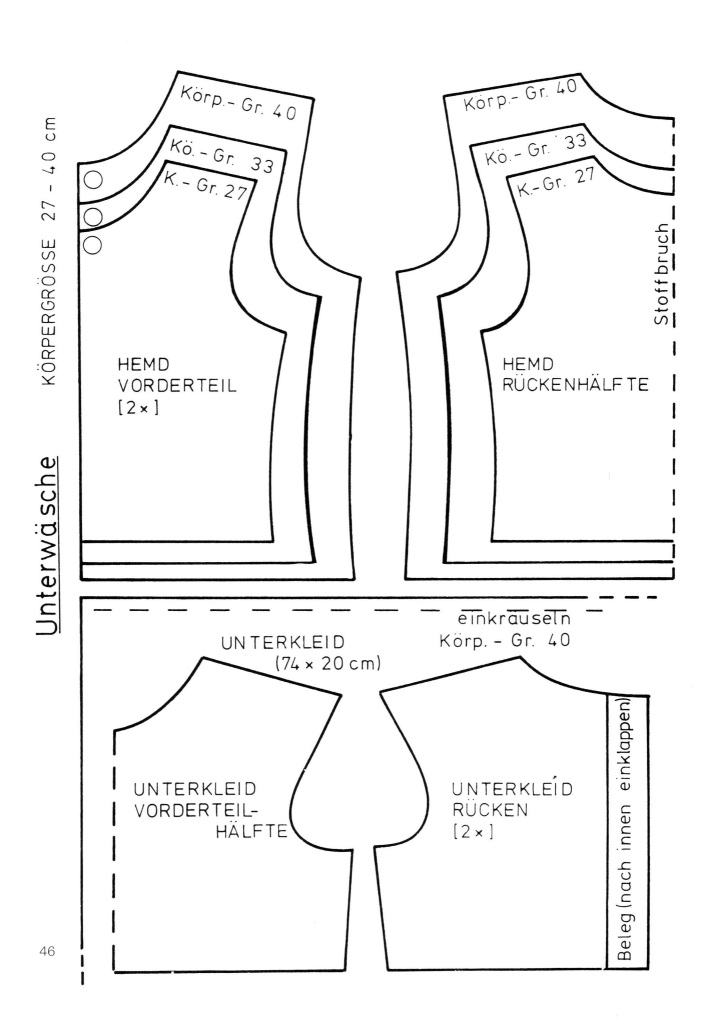

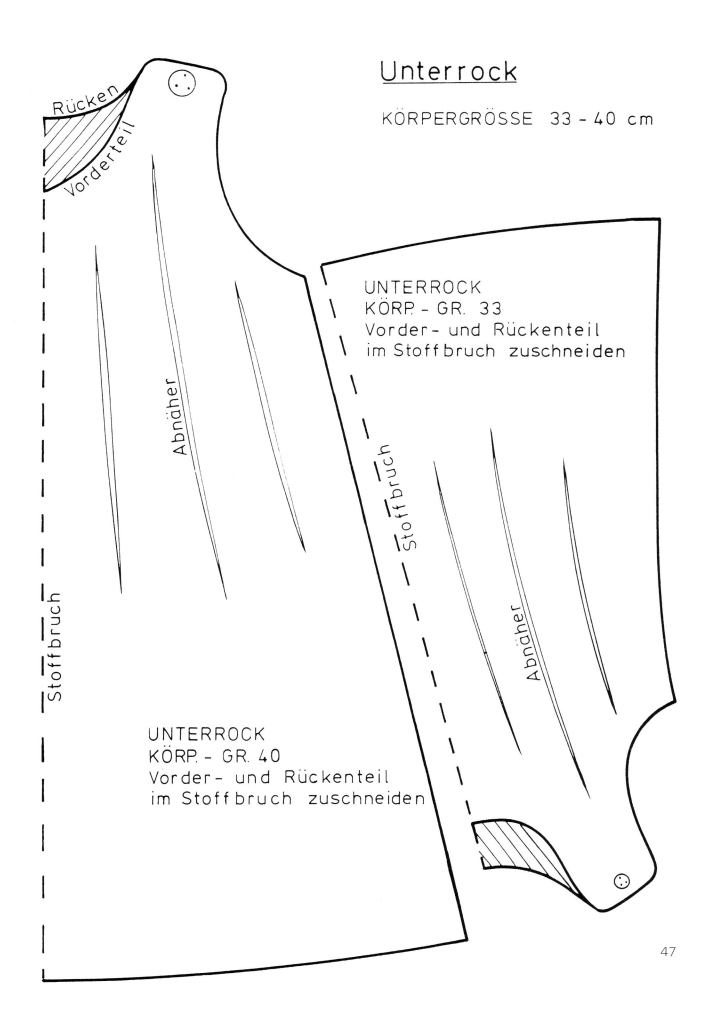

Modell 12

Mantel mit Variation

Körpergröße 33 cm

– *60 x 90 cm Stoff*
– *1,25 m Schrägband*

Zu einer vollständigen Puppengarderobe gehört natürlich auch ein Ausgehmantel. Wenn Sie Lust haben, Ihre Puppen so komplett auszustatten, empfehle ich Ihnen, die Stoffe für Mäntel immer farblich und vom Material her passend zu den darunter getragenen Kleidern zu wählen.
Mein Vorschlag ist aus einer altrosafarbenen Tussahseide genäht. Der große Kutscherkragen hat eine Abseite aus glatter Honanseide im selben Farbton, einige Nuancen heller. In diesem Ton habe ich auch die Häkelspitze gewählt, die auf dem Kragen und an den Ärmeln den Mantel ziert. Dafür sind ca. 75 cm Spitzenband erforderlich.
Wie im Schnitt angegeben, schneiden Sie die Mantelteile zu. Zuerst werden die Schulternähte geschlossen. Die Ärmel werden nur leicht eingehalten und in die Armausschnitte eingesetzt. Nun können bereits die Seiten- und Ärmelnähte geschlossen werden. Ärmel glatt umsäumen.

Die vorderen Kanten des Mantels haben als Abschluß eine Paspel aus der helleren Seide, die auch rund um den Saum läuft. Dazu benötigen Sie einen schräg zugeschnittenen Streifen von 1,30 m Länge und ca. 2,5 cm Breite. Wenn Sie nicht genug Stoff zur Verfügung haben, läßt sich das auch gut mit fertiggekauften Schrägstreifen arbeiten.
In jedem Fall wird der Streifen zuerst rechts auf rechts äußerst knappkantig um den ganzen Mantel gesteppt. Die Paspel soll nur etwa 3 mm stehenbleiben. Der Rest des Bandes wird nach innen umgeschlagen und von Hand festgenäht.

Die zwei Kragenteile – Ober- und Unterseite – werden rechts auf rechts zusammengenäht. Natürlich können Sie dafür auch nur eine Stoffseite verwenden, aber es sieht besonders hübsch aus, wenn die Abseite bei diesem großen Kragen farblich abgesetzt ist. Der Kragen wird gewendet und glattgebügelt. Dann wird er ganz einfach in seiner end-

Modell 12: Mantel
Puppen: Leon Casimir Bru, Bru Jne 11

gültigen Position auf dem Mantel festgenäht. Über der Nahtstelle sitzt ein schmaler Schrägstreifen aus dem Mantelstoff, der an den Vorderkanten offen ist und so einen Tunnel bildet, durch den das Bändchen zum Verschließen gezogen wird. Diesen Streifen schneiden Sie 25 x 4 cm groß zu. Zuerst rechts auf rechts an den Kragen steppen. 1 cm hoch umschlagen und die vorderen Seiten mit einklappen. Innen abermals einschlagen und von Hand festnähen, schon ist der Tunnel fertig. Für eine üppige Schleife sollte das Durchzugbändchen mindestens 90 cm lang sein. Zum Schluß werden die Spitzen von Hand aufgenäht. Ich habe auf die Kragenecken Kugelknöpfe genäht, die mit dem Mantelstoff überzogen wurden.

Der zweite Mantel ist eine Variante desselben Schnittes. Seine Vorderteile sind etwas breiter, so daß er geschlossen getragen wird; die Vorderkanten sind nicht abgerundet, und er hat keinen Kragen. Statt dessen habe ich nur einen kleinen Stehkragen angesetzt, der wie der Tunnel beim ersten Modell genäht wird. Zu dem dunkelblauen Samt, den ich verarbeitet habe, gefiel mir am Hals

Modell 12: Mantel mit Variation

ein Besatz aus weißen Marabufedern, der wie eine Boa wirkt. Solche Federn gibt es in Spezialgeschäften für Kurzwaren oder in der Schneiderabteilung der Kaufhäuser. Damit kann man manches schlichte Puppenmodell effektvoll verzieren.

Die Kanten des Mantels habe ich in diesem Fall mit einem gleichfarbigen Futterstoff versäubert. Vorne sind vier mit Stoff überzogene Kugelknöpfe aufgesetzt, die aber nur schmücken. Verschlossen wird der Mantel mit Druckknöpfen.

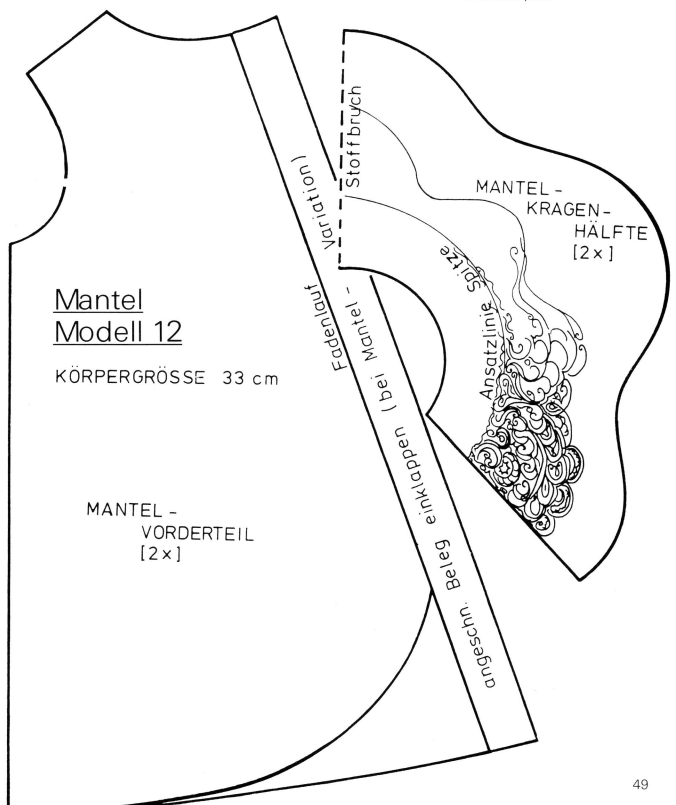

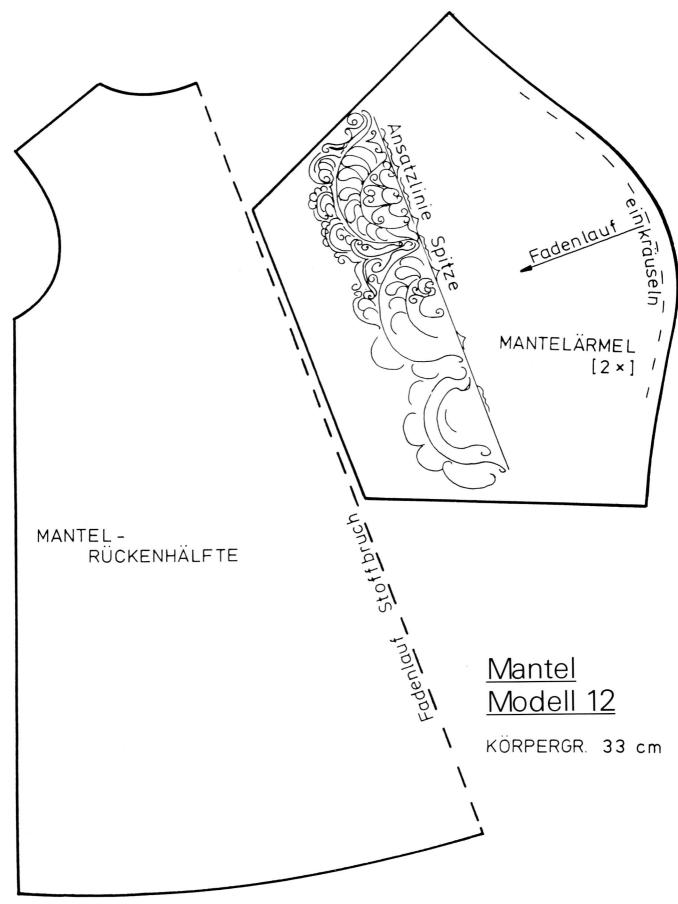

Modell 13

Mantel

Körpergröße 27 cm

– 30 (Mantel) + 20 (Hut) x 90 cm Stoff
– ca. 2,00 m Band 1 cm breit

Die zwei Puppen auf dem Bild sind sehr elegant gekleidet. Sie wirken wie feine Stadtkinder, die zum Ausgehen zurechtgemacht wurden. Entsprechend edel sind die ausgewählten Materialien, durchweg Seidenstoffe.
Der Mantel für die kleine Puppe ist eine vornehme Ergänzung zu den verschiedensten, in Ihrer Sammlung vielleicht schon vorhandenen Kleidermodellen. Weil er ohne Knopfverschluß gearbeitet ist, wird das Kleid darunter in jedem Fall sichtbar sein. Sie sollten also den Mantelstoff auf das Kleid der Puppe abstimmen. Ich habe einen pfirsichfarbenen Moiré verarbeitet, der durch seine Festigkeit einen schönen Stand hat. Die Abnäher vorne und hinten im Mantel werden zuerst genäht. Steppen Sie entlang der eingezeichneten Linien sehr schmale Nähte. Wenn Sie die Teile so verarbeitet haben, werden die Schulternähte wie gewöhnlich geschlossen. Die Ärmelnähte werden erst eingekräuselt und bekommen dann nach der Einzeichnung im Schnitt Falten eingelegt, so daß immer Kreuz auf Kreis zu liegen kommt. Heften Sie die Falten fest, bevor Sie ein Zierband aufsteppen. Dann säumen Sie den Ärmelabschluß fein von Hand. Erst jetzt werden die Ärmel eingesetzt. Anschließend kann die Ärmelnaht mit der Seitennaht geschlossen werden.
An den Halsausschnitt nähen Sie einen Schrägstreifen von ca. 18 cm Länge und 3 cm Breite. Die Nahtzugabe der Vorderteile wird hier auf die rechte Seite geklappt und festgeheftet. Über diese Heftnaht steppen Sie ein Samtbändchen. So verschwindet der Saum unter dem Besatz, und der Mantel ist von innen sauber. Genauso verfahren Sie mit dem unteren Saum.

Modell 14

Seidenkleid

Körpergröße 40 cm

– 90 (Kleid) + 25 (Hut) x 90 cm Stoff
– 3,00 m Satinband 1 cm breit

Die große feingemachte Puppe trägt ein Kleid aus ebenfalls pfirsichfarbenem Stoff, eine Crêpe-de-Chine-Seide mit Satinbändern im selben Ton verziert. Den Halsausschnitt ziert ein großer Spitzenkragen. Dazu habe ich eine gehäkelte Spitzendecke umfunktioniert, die ich glücklicherweise in der entsprechenden Farbe finden konnte. Sie hatte ca. 28 cm Durchmesser.
Beachten Sie beim Zuschneiden des Stoffes, daß der Rock aus einem Vorderteil und zwei hinteren Teilen besteht. Das Vorderteil schneiden Sie im Stoffbruch zu, die hinteren separat. Kräuseln Sie zuerst das Vorderteil auf die Breite der Passe ein und nähen es an. Genauso nähen Sie die eingekräuselten hinteren Rockteile an die Rückenteile der Passe. Auf diese Ansatzstellen steppen Sie ein Satinband.
Schulternähte schließen. Die Ärmel laut Einzeichnung vorbereiten und Zierbänder über die Kräuselstellen steppen. Armkugel einkräuseln und Ärmel einsetzen. Ärmel- und Seitennähte schließen.

Der Rock wird jetzt noch 2x eingekräuselt, in Taillenhöhe vorne auf 18 cm, hinten auf je 9 cm und in Hüfthöhe vorne auf 36 cm und hinten auf je 18 cm. Für den Volant, der auf dieser hüfthohen Kräuselnaht angesetzt wird, brauchen Sie einen Stoffstreifen von 90 x 15 cm. Dieser Streifen wird zur Hälfte gefaltet, das heißt, die fertige Breite des Volants ist 7,5 cm, eingekräuselt auf ca. 72 cm und rechts auf den Rock gesteppt.
Anschließend steppen Sie über alle Kräuselnähte Satinbänder. Der untere Rocksaum wird nach außen auf die rechte Stoffseite geschlagen und ebenfalls mit einem Satinstreifen versäubert.

Schließlich wird die Rücknaht des Kleides durch alle Stofflagen geschlossen bis auf ca. 17 cm von unten. Im oberen Rückenteil versäubern Sie die Kanten.

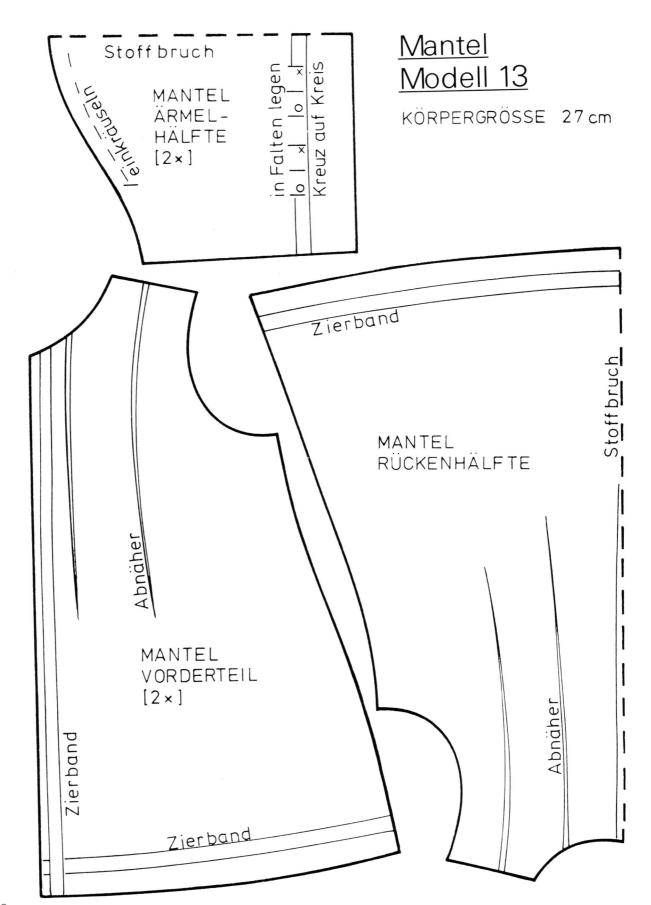

Modell 13: Mantel, Modell 14: Seidenkleid

Der Spitzenkragen wird rund um den Hals aufgeheftet. Mit einem Schrägstreifen von 22 x 4 cm wird diese Nahtstelle überdeckt, so daß das Kleid einen kleinen Stehkragen bekommt. Nun noch im Rücken Druckknöpfe annähen, und Ihre Puppe kann angezogen werden.

Modell 13: Mantel
Puppe links: Steiner gemarkt „A9", Emilie

Modell 14: Seidenkleid
Puppe rechts: Leon Casimir Bru, Bru Jn 11

Seidenkleid
Modell 13

KÖRPERGRÖSSE 40 cm

VORDERE PASSENHÄLFTE

Stoffbruch

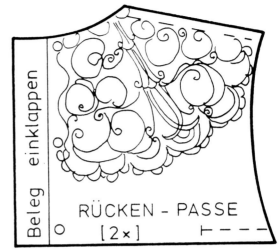

Beleg einklappen

RÜCKEN - PASSE
[2×]

einkräuseln auf 15 cm

einkräuseln (im Rückenteil auf je 9 cm)
(im Vorderteil auf 18 cm)

SEIDENKLEID - ROCK
(Vorderteil im Stoffbruch)
(Rückenteil 2× zuschneiden)

Ansatzlinie für Volant

einkräuseln (in den Rückenteilen auf
je 18 cm)
(im Vorderteil auf 36 cm)

Seitenlänge 27 cm

Seitenlänge 29 cm im Vorderteil

Stoffbruch

Seidenkleid Modell 14

KÖRPERGRÖSSE 40 cm

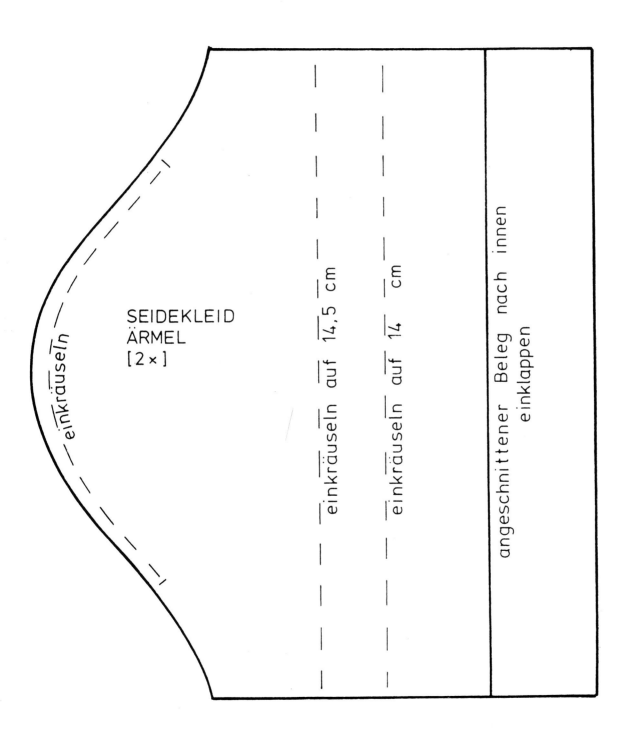

Hüte
zu Modell 13 und 14

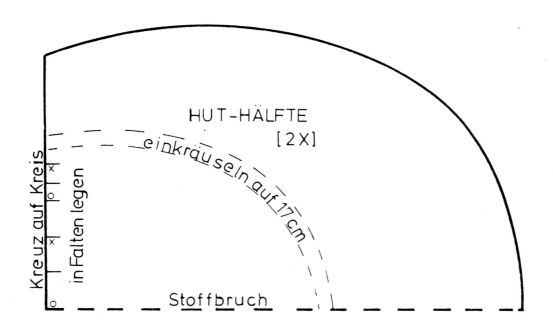

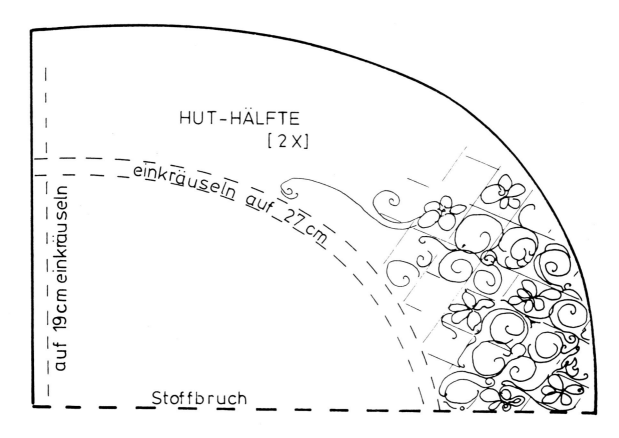

Hüte

Die beiden feingemachten Puppen auf dem Bild tragen zu ihren Ausgehkleidern auffällige Hüte. Diese sind aus demselben Stoff gearbeitet und passend zu dem Kostüm dekoriert. Sie haben eine große gekräuselte Krempe und werden wie Hauben mit langen Bändern unter dem Kinn zugebunden.

Bei dieser Putzmacherarbeit gibt die Phantasie den Ton an. Zerschneiden Sie alte Deckchen, Kissen oder ähnliches, und spielen Sie mit verschiedenen Bändersorten. Hier kann man eigentlich keine genauen Angaben machen, weil man nicht vorher weiß, was sich an altem Originalmaterial finden läßt. Deshalb gebe ich Ihnen hier Schnitt- und Nähanleitung, für die Dekoration finden Sie Anregung auf dem Hutbild, aber ich bin sicher, daß Ihnen auch ganz entzückende eigene Kreationen gelingen werden.
So gehen Sie vor:
Sie schneiden 2x die Hutform zu und nähen die Teile rechts auf rechts zusammen. An der geraden Seite lassen Sie eine Öffnung zum Wenden. Sollte Ihr Stoff besonders dünn sein, empfiehlt es sich, zumindest im Bereich der Krempe eine Einlage aus Vlieseline aufzubügeln, bevor Sie den Hut wenden. Danach nähen Sie die Öffnung sauber zu.

Unter der Krempe bekommt der Hut eine Kräuselnaht, die in der Länge dem Kopfumfang der Puppe entspricht. An der hinteren, unteren Kante werden die Hüte in Falten gelegt beziehungsweise eingekräuselt, wie im Schnitt angegeben.
An diesem Rand entlang wird das Band angenäht, mit dem die Hüte gebunden werden. Bei der kleinen Puppe ist es aus Samt, passend zum Besatz des Mantels. Bei der großen Puppe habe ich aus dem Kleiderstoff ein Schrägband genäht, damit ich eine üppige Schleife als zusätzlichen Schmuck binden kann. Durch diesen Schrägstreifen – er muß 100 x 12 cm groß sein – geht eine Menge Seidenstoff verloren. Man kann den Hut natürlich auch mit fertiggekauftem, breiten Schleifenband ausstaffieren und zubinden.

Modell 15

Venezianisches Mädchenkostüm

Körpergröße 46 cm

- *2,20 m x 90 cm Seide*
- *1,00 m Seidenband 1 cm breit*
- *35 cm Seidenband 2,5 cm breit*

Die letzten Schnitte, die ich Ihnen vorstellen möchte, sind venezianisch inspirierte Kostüme für freigestaltete, sogenannte Künstlergruppen, die aus meiner eigenen Werkstatt stammen. Da auch die Körper dieser Puppen von mir entworfen wurden und nicht industriell vorgefertigt sind, entsprechen ihre Maße nicht der Norm von Reproduktionspuppen. Die Körper sind 46 cm groß, aber sehr schlank. Sie sind vergleichbar mit den Körpern von antiken Modepuppen.
Sie können diese beiden Kostüme für moderne Puppen oder auch für eigene Schöpfungen verwenden, wenn Ihnen der Stil gefällt.

Mein venezianisches Mädchen trägt ein cremefarbenes Seidenkleid mit schlichtem, ärmellosen Oberteil. Der aufwendige Stufenrock in Tulpenblütenform ist mit genähten Rosenblüten verziert. Darüber gehört eine Jacke mit mächtigem Rüschenkragen und doppeltem Schößchen. Die Ärmel werden mit einem Seidenband eingehalten und schließen ebenfalls mit Rüschen und einem Bündchen ab.
Und so wird's gemacht:
Wie immer werden zuerst alle Teile des Kleides mit Nahtzugabe zugeschnitten und gekettelt, wenn Sie wollen. Für den Tulpenrock müssen Sie sich eine Schnittkopie aus Seidenpapier herstellen. Er hat fünf „Blütenblätter", die bis zur Hälfte eingeschnitten sind.
Das gesamte fünfblättrige Rockteil muß dann 2x zugeschnitten werden, weil es – zumindest in Seide – gedoppelt verarbeitet wird.

Im ersten Nähschritt verbinden Sie die geraden Vorder- und Rückenteile des Kleides an den Schultern. Bei diesem Modell können gleich anschließend auch die Seitennähte geschlossen werden, weil es keine Ärmel hat. Die Kanten des Halsausschnittes und der Ärmel werden fein gesäumt und mit zarten Spitzen passend zum Stoff verziert, damit die kleine Venezianerin auch noch schön ist, wenn sie die Jacke auszieht. Der glatte Rock wird knapp gesäumt.
Danach wird der Tulpenrock vorbereitet. Sie legen die zwei Teile rechts auf rechts aufeinander und nähen sie entlang der Blätter und an den Seiten zu. Dann wenden Sie das ganze Teil. Achten Sie darauf, daß die Spitzen der Blütenblätter fein ausgearbeitet erscheinen, und bügeln Sie den Tulpenrock glatt. Anschließend kräuseln Sie ihn an der oberen Kante auf etwa 32 cm ein. Diese Kräuselnaht an der eingezeichneten Linie auf den glatten Rock des Kleides setzen, und zwar so, daß die Teile in der hinteren Mitte aufeinanderstoßen. Auf die Ansatzlinie wird ein 2,5 cm breites Satinband gesteppt.
Schließlich wird der glatte Rock hinten etwa 26 cm hoch zugenäht und die Kanten des Rückenausschnittes umgeschlagen und versäubert. Nähen Sie als Verschluß Druckknöpfe an.

Für die aufgenähten Rosen brauchen Sie je einen Stoffstreifen im schrägen Fadenlauf von 35 x 18 cm. Diese Streifen werden rechts auf rechts der Länge nach gefaltet und an den Kanten zusammengenäht, dann gewendet und an der offen, langen Seite gekräuselt. Nehmen Sie für dieses Kräuseln einen festeren Faden, denn Sie müssen den Stoff kräftig zusammenziehen, dann bildet sich die Rosette fast von alleine. Nähen Sie die Rosen auf den Rock, und das Kleid kann schon angezogen werden.

Modell 15: Venezianisches Mädchenkostüm
Puppe: Künstlerpuppe Gerda Schaumann-Langrehr

Modell 16: Venezianischer Jungenanzug
Puppe: Künstlerpuppe Gerda Schaumann-Langrehr

Modell 15: Venezianisches Mädchenkostüm

Modell 15: Venezianisches Mädchenkostüm

Die Jacke hat vorne und hinten Abnäher, damit sie recht körpernah sitzt. Diese werden als erstes in die Stoffteile genäht. Danach schließen Sie die Schulternähte. Die Ärmel werden an den eingezeichneten Stellen, an der Armkugel, in der Mitte und am Bündchen, eingekräuselt. Auf die mittlere Kräuselnaht setzen Sie ein Satinbändchen. Nun bereiten Sie die Rüsche für den Ärmelabschluß vor. Dazu brauchen Sie 36 x 6 cm Seide im schrägen Fadenlauf, die Sie erst rechts auf rechts zusammennähen, dann wenden und auf etwa 13 cm einkräuseln. Diese Rüsche wird nach oben stehend auf den eingekräuselten Ärmelabschluß genäht. Für die Bündchen brauchen Sie je 14 x 6 cm Stoff. Dieser Streifen wird rechts auf die Rüsche gelegt und durchgesteppt. Jetzt wird die Seitennaht des Ärmels geschlossen, wie immer gleich mit der Seitennaht der Jacke. Anschließend schlagen Sie das Bündchen nach innen ein und nähen es von Hand fest.

Der Kragen dieser Jacke besteht aus zwei üppigen Rüschen, eine kleine hochstehende und eine große zweigeteilte, die auf der Schulter liegt.
Für den großen Teil des Kragens habe ich einen alten Spitzenstoff verarbeitet, der farblich genau zum Kleid paßte. Dazu habe ich aus dem Vorderteil einer alten Bluse einfach die Form des Kragens herausgeschnitten. Dies ist wieder eine besonders feine Stelle für echte alte Spitzen. Mit etwas Ausdauer finden Sie bestimmt auch ein passendes Teil, das Sie dafür verwenden können.

Für die schmale Rüsche brauchen Sie einen Streifen von 56 x 10 cm im schrägen Fadenlauf. Diesen nähen Sie rechts auf rechts zusammen, wenden und kräuseln ihn auf ca. 19 cm ein. Die großen Kragenteile werden nach dem Schnittmuster zugeschnitten, von Hand umsäumt und ebenfalls eingekräuselt auf zusammen 19 cm. Die Kragenteile werden in ihrer endgültigen Position rechts auf die Jacke gelegt und angeheftet. Die Ansatzstelle wird mit einem schmalen Schrägstreifen oder Seidenbändchen versäubert.

Genau wie beim Kragen verfahren Sie mit dem Schößchen. 2 verschieden breite Stoffstreifen werden gekräuselt übereinander an die Jacke genäht. Ein Streifen ist 60 x 14 cm groß, der andere 85 x 9 cm. (Beide im schrägen Fadenlauf!) Halbieren Sie den Streifen und kräuseln sie auf 31 cm ein. (Maßnehmen am unteren Jackenrand!) Die Ansatzstelle wird wiederum mit einem Satinband besetzt. Zu guter Letzt versäubern Sie die Vorderkanten der Jacke und bringen einen Verschluß an. Ich habe für dieses phantasievolle Kostüm kleine Knöpfe mit dem Kleiderstoff bezogen und dazu Stoffschlingen angenäht.

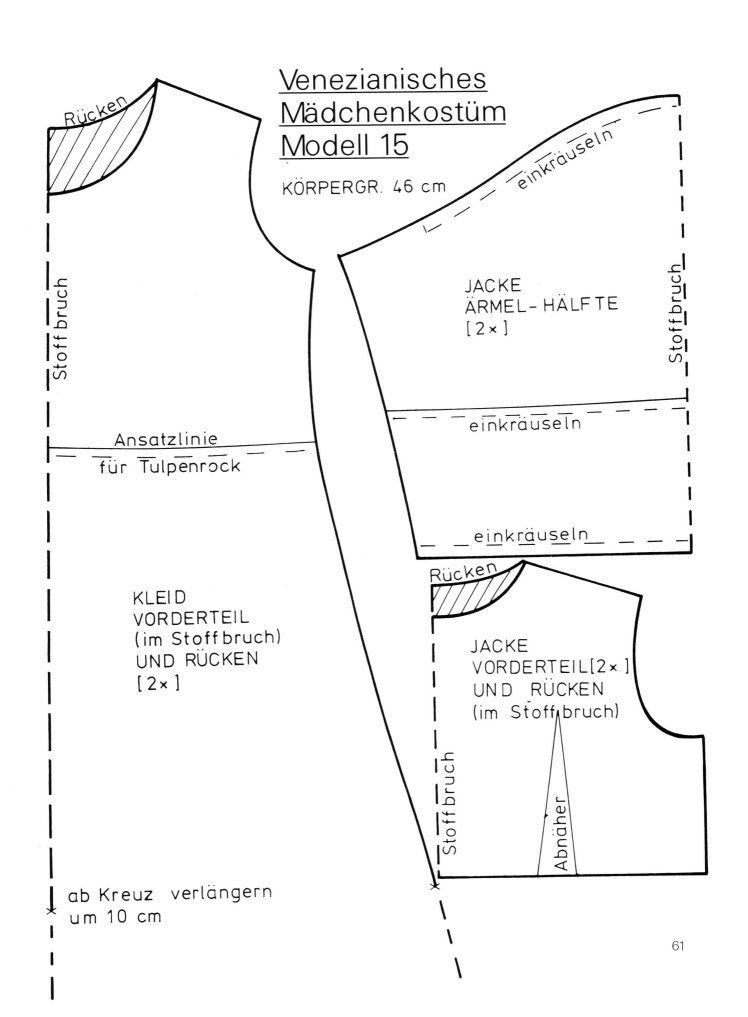

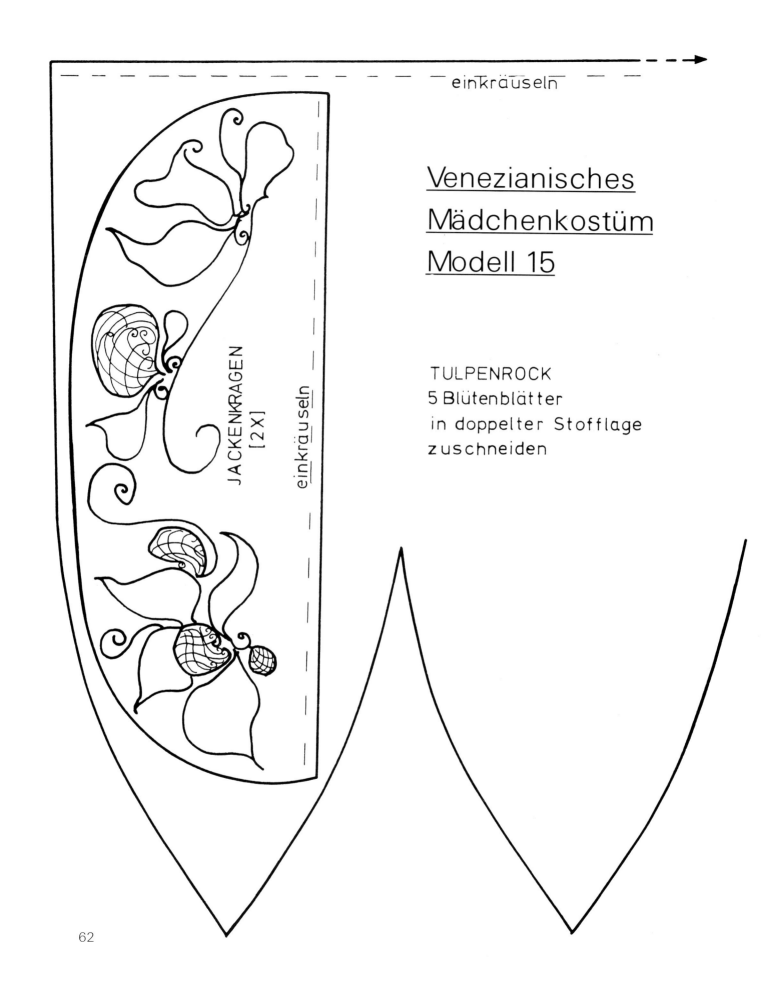

Modell 16

Venezianischer Jungenanzug

Körpergröße 46 cm

– Hose: 40 x 90 cm Samt
– Hemd: 40 x 90 cm Baumwolle
– Jacke/Tasche: 40 x 90 cm Gobelin
    40 x 90 cm Seide
    3,00 m Schrägstreifen
– Tasche: 65 cm Brokatband

Mein venezianischer Junge trägt einen Anzug mit einer aufwendigen Gobelinjacke, die Ärmel aus Seidentaft hat, und einer bordeauxfarbenen Samthose. Darunter ein Hemd aus weißem Baumwollstoff mit großem Rüschenkragen. Das Hemd wird genäht wie bei dem Modell 7. Für den Kragen habe ich hier die gestickte Kante eines alten Kopfkissenbezuges benutzt. Dazu brauchen Sie
40 x 7 cm Stoff, der stark eingekräuselt angenäht wird. Die Hose entnehmen Sie dem Hosenschnitt für die Körpergröße 33 (!). Wundern Sie sich nicht über den Größenunterschied; sie paßt, weil sie nur dreiviertellang sein soll und recht schmal.

Die Jacke habe ich aus einem schweren Gobelinstoff genäht, den ich auf einem Flohmarkt als zerschlissene Decke gefunden habe. Solche „Kostbarkeiten" hebe ich mir immer für besondere Puppenkostüme auf. Als Ergänzung dazu wählte ich eine schillernde Taftseide in der Grundfarbe des Gobelins. Die Besatzbänder habe ich aus demselben Material in Bordeaux, passend zur Hose ausgesucht. Der Schnitt ist bewußt ganz schlicht gehalten, dieses Modell lebt von den edlen Materialien.
Zuerst werden die Schulternähte geschlossen. Die Ärmel werden nur im Schulterbereich an der eingezeichneten Stelle gekräuselt auf insgesamt 27 cm. Ärmel einsetzen. Die untere Ärmelkante auf 14 cm einkräuseln und mit einem farblich passenden Schrägstreifen versäubern. Danach Ärmel- und Seitennähte schließen.

Umhängetasche zu Modell 16

Die Jacke wird rundum, das heißt, am Hals, entlang der vorderen Kanten und am unteren Rand, ebenfalls mit seidenen Schrägstreifen eingefaßt.
Ich habe zusätzlich ein Bändchen über die Ärmelansatzstelle gesteppt. Um den rechten Ärmel habe ich ein Seidenband als Schleife gebunden.

Zur Komplettierung seines Anzuges trägt der Junge eine Umhängetasche aus dem Jackenstoff. Eine solche Tasche ist relativ einfach zu nähen, sie trägt aber viel zum Gesamteindruck der Puppe bei. Sie brauchen dafür zwei halbrunde Teile und ein 1,5 cm breites, 65 cm langes Band. Bei mir ist es eine gewebte Goldborte. Die beiden Stoffteile habe ich ringsum mit Schrägstreifen eingefaßt. Wenn Sie auch Spaß an dieser kleinen Spielerei haben, brauchen Sie dafür je Seite etwa 30 cm. Die Seiten und der Boden der Tasche werden aus dem fertigen Band gebildet. Sie nähen es einfach an die Einfassung. Beginnen Sie am Boden, führen es um den Bogen herum über die Taschenöffnung hinaus und als Schulterband zurück zum Boden. Die Verzierung an der Vorderseite ist eine kleine goldene Quaste.

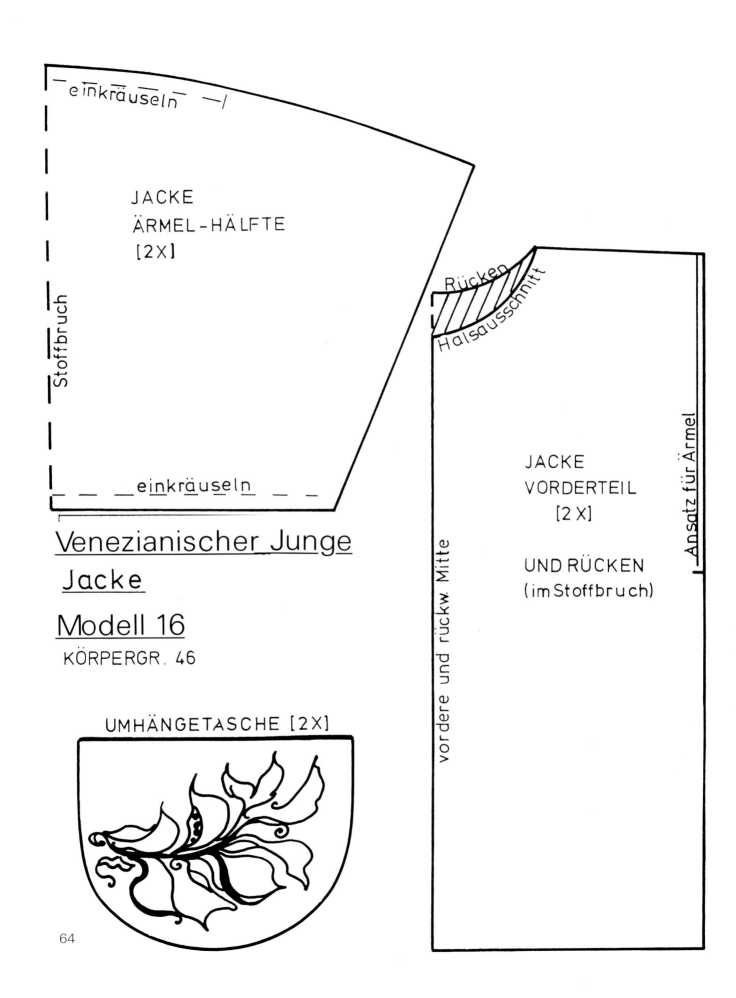